Ei, Maravilhosa!

Sabia que você pode ir além do pódio?

Adriana Helen Borges

BV FILMS

bvbooks
BV Films Editora Ltda.
Rua Visconde de Itaboraí, 311
Centro | Niterói | RJ | 24.030-090
55 21 2127-2600 | www.bvfilms.com.br

Edição publicada sob permissão contratual com Adriana Helen Borges - www.eimaravilhosa.com.br
Copyright ©2012 por Adriana Helen Borges.
Originalmente publicado em português por BV Films Editora.

EDITOR RESPONSÁVEL
CLAUDIO RODRIGUES

COEDITOR
THIAGO RODRIGUES

CAPA
JOSNEY FORMAGIO

DIAGRAMAÇÃO
JOANILSON CARRASCO BROLIM

TRADUÇÃO
DAIANE DE OLIVEIRA

REVISÃO TEXTUAL
LARRISSA SINIAK
MARCIA FREIRE
MADALENA LIBOS

Todos os direitos reservados e protegidos pela lei 9610/98. É expressamente proibida a reprodução deste livro, no seu todo ou em parte, por quaisquer meios, sem o devido consentimento por escrito.

Os conceitos concebidos nesta obra não, necessariamente, representam a opinião da BV Books, selo editorial BV Films Editora Ltda. Todo o cuidado e esmero foram empregados nesta obra; no entanto, podem ocorrer falhas por alterações de software e/ou por dados contidos no original.
Disponibilizamos nosso endereço eletrônico para mais informações e envio de sugestões:
faleconosco@bvfilms.com.br.

Todos os direitos em língua portuguesa reservados à BV Films Editora ©2014.

BORGES, Adriana Helen. Ei, Maravilhosa! Sabia que você pode ir além do pódio?
Rio de Janeiro: BV Books, 2014.

ISBN	978-85-8158-065-4
1ª edição	Julho	2014
Impressão e Acabamento	Imprensa da Fé
Categoria	Vida Cristã

Impresso no Brasil

Agradecimentos

Ao Deus eterno, a quem devo a minha vida e a minha gratidão por ter me dado incontáveis bênçãos no decorrer dos anos. Grata, meu Deus, por ter colocado no meu coração o desejo de escrever este livro.

Ao meu esposo, Emanuel, e filhas, Danielli e Micaelle, pelo apoio, carinho e compreensão, e por estarem sempre ao meu lado em todos os momentos.

Aos meus pais, Irineu e Marilza, pelo amor que recebi e pela boa educação que sempre fizeram questão de me dar.

À minha Irmã Cristiane e cunhado Marco Aurélio, pelo carinho, amizade, incentivo e imenso amor que sempre demonstraram por mim.

Ao meu pastor Marcos Cesar, pelo imenso cuidado, carinho, incentivo e confiança que demonstrou para comigo, acreditando em meus sonhos.

À minha peculiar amiga Sandeni, pela sua presença constante, incentivo, carinho e sinceridade; não tenho palavras para expressar a importância da sua amizade na minha vida e da sua preciosa contribuição para a realização deste livro.

A todos aqueles que me motivaram de uma forma ou de outra.

Obrigada!

Que a honra seja dada a Deus!

Com carinho,

Adriana

Sumário

Ei, Maravilhosa!

Introdução 009

Capítulo 1 - O dia é hoje! 011

Capítulo 2 - Onde estão seu propósito e atitude? 025

Capítulo 3 - Você é insubstituível, única! 049

Capítulo 4 - Você sabe lidar com suas emoções? 063

Capítulo 5 - Como está a sua fé? 081

Capítulo 6 - Nunca desista, persista! 093

Capítulo 7 - Precisa de uma amiga? 101

Capítulo 8 - Você tem falado muito? 109

Capítulo 9 - Fechou para balanço? 117

Capítulo 10 - Você pode! 129

Introdução

*E*i,Maravilhosa! É um prazer imenso poder estar com você! Que bom poder compartilhar contigo um pouco da minha história e o que Deus fez em minha vida. Deus nos criou para termos uma profunda comunhão com Ele. Entender e viver fortemente esta comunhão é um dos principais propósitos da nossa existência. Jesus disse:

"Sem mim nada podeis fazer"

(João 15:5)

Necessitamos estar ligadas na videira, que é Jesus, para que possamos realizar o propósito pelo qual fomos chamadas e, com isso, dar muitos frutos. Fomos criadas para obter vitórias e sucessos. Estamos aqui para fazer a diferença nesta geração e estar sempre Além do Pódio. Sim, criadas para ultrapassar qualquer obstáculo que apareça em nossa vida, seja ele qual for. Porém, pode ser que neste exato momento você esteja pensando muitas coisas, dentre elas:

- Como posso estar acima do pódio se jamais cheguei perto dele? Como posso estar acima dos obstáculos se há muros enormes em minha frente? Esse "negócio" de pódio não existe para mim. Pode ser que seja apenas para algumas mulheres que possuem muita capacidade.

Infelizmente é assim que pensam muitas mulheres, elas se consideram incapazes, sem valor, acham que nunca vão conseguir alguma coisa e, por isso, jamais conquistam sucesso ou vitórias.

Posso afirmar que durante anos da minha vida esses

conceitos de derrota e incapacidade permearam a minha mente. Que calamidade! Tais pensamentos me faziam acreditar em mentiras que eu mesma articulava contra mim. E isso me levou a viver uma vida de amarguras, tristezas e muito medo. E o pior de tudo é que contaminava as pessoas que estavam perto de mim.

Mas, a graça do Senhor alcançou a minha vida. O doce Espírito Santo passou a morar dentro de mim e começou a mudar a minha história.

Neste livro, venho compartilhar com você, Maravilhosa, mulher, amiga, mãe, profissional, um pouco da minha vida e o que Deus fez por mim. Você vai conhecer a história de uma mulher derrotada e triste, mas que foi transformada em uma Adriana alegre e vitoriosa!

Posso afirmar com toda a certeza que foi o doce Espírito Santo que me direcionou em cada linha deste livro. Ele que me ajudou a colocar no papel tudo aquilo que era necessário, para que você, Maravilhosa, pudesse entender coisas que vão fazer a diferença na sua vida e na vida de outras pessoas.

Não importa qual foi o motivo pelo qual você foi motivada a ter em mãos este livro, o que importa é que você decidiu lê-lo, pois lá no fundo do seu coração você deseja descobrir verdades que mudarão a sua vida, assim como mudaram a minha.

"E conhecereis a verdade, e a verdade vos libertará"

(Jo 8:32)

Então, convido você, Maravilhosa, para estar comigo nessa viagem. Vamos juntas por estas linhas caminhar. Tenho plena certeza de que este percurso nos conduzirá para altos patamares. Portanto, prepare-se, porque Além do Pódio é o lugar que nos espera. Vamos!

Ei, Maravilhosa!

Capítulo 1

O dia é hoje!

> "Irmãos, quanto a mim, não julgo havê-lo alcançado, mas uma coisa faço: esquecendo-me das coisas que para trás ficam e avançando para as que diante de mim estão, prossigo para o alvo, para o prêmio da soberana vocação de Deus em Cristo Jesus."
>
> Filipenses 3:13-14

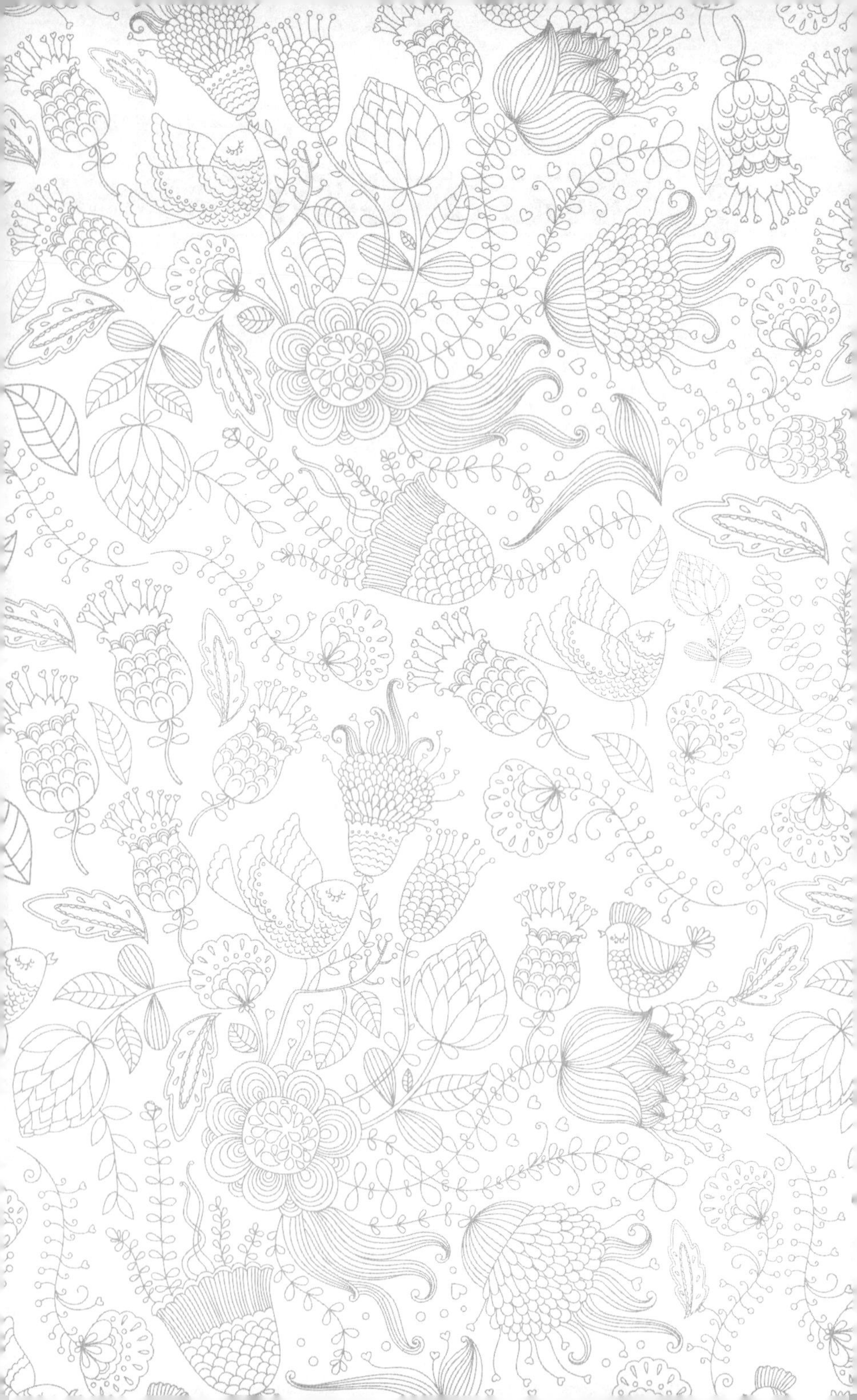

O dia é hoje!

"Não acrescente dias a sua vida, mas vida aos seus dias."

Era um dia de domingo, eu estava em minha casa no lago do Manso, o sol estava brilhando fortemente sobre o grande lago, no céu, havia muitas nuvens que formavam inúmeras figuras. Os raios solares atingiam a água e realçavam toda a beleza daquele lugar. Por alguns instantes me vi paralisada com aquela imagem. Já tinha visto aquela cena várias vezes, pois como de costume, sempre quando havia um feriado me dirigia para lá. O lago do Manso se tornou o local de descanso da minha família, ali, podia recarregar as minhas baterias para as semanas seguintes. Porém, algo especial aconteceu naquele dia.

Saí a observar alguns detalhes da natureza, coisa que raramente fazia e, durante a caminhada, peguei algumas folhas das árvores, observei que cada uma delas tinha características peculiares. Algumas eram lisas, outras ásperas, outras finas. Junto das folhas estavam pequenas formigas andando enfileiradas rumo ao ninho levando consigo o alimento. Então, arranquei uma flor e comecei a contemplar a sua beleza, perfeição e cor. Ao passar por um rapaz, abri um grande sorriso e lhe disse um "Bom dia", como nunca havia dito a alguém. Brotara dentro de mim uma paz muito grande. Percebi que aquele "Bom dia" tinha algo diferente dos outros que eu costumava falar. Fiquei impactada tentando entender o que estava acontecendo. Foi quando uma doce voz sussurrou ao meu ouvido e me disse:
- Você está contemplando o valor de um dia!

Nesse momento, a alegria transbordou o meu coração. Estava feliz por poder estar viva, com saúde e admirando a beleza daquele lugar. Como um piscar de olhos, comecei a

O dia é hoje!

entender o valor de um dia. Algo dentro de mim gritava:

- **O dia é hoje! Viva-o com qualidade!**

Hoje em dia muito se tem falado sobre qualidade de vida, que a mesma está ligada a uma boa alimentação, à atividade física e ao lazer, que, sem dúvida, são fatores importantíssimos para a nossa saúde e até nos ajudam em nosso cotidiano. Porém não é tudo! A verdadeira qualidade de vida que Jesus nos ensina está ligada às nossas atitudes durante o dia. Ou seja, viver cada dia como se fosse único. Um dia que passou não volta mais, poderão existir outros, mas nenhum será igual ao que passou.

Demorei muito para aprender sobre o valor de um dia, o valor de um abraço, o valor de falar para uma pessoa que ela é importante e que faz diferença em minha vida, o valor de ouvir e ser ouvida, o valor de agradecer ao Senhor por cada minuto da minha vida e de meus familiares, o valor de poder contemplar as belezas da natureza. A experiência que passei ao analisar os detalhes da natureza, me levou a mudar meu conceito sobre "valor". Comecei a valorizar coisas muito simples que fazem outras pessoas felizes como: abraçá-las, beijá-las, comer junto e até, quem sabe, ir ao cinema com elas, coisas que muitas vezes levamos anos para realizar. Então, por que esperar para fazê-las? Mesmo com a nossa agenda lotada temos que dedicar tempo para as pessoas que fazem a diferença em nossa vida.

* Ei, Maravilhosa! Tome cuidado para não inverter valores! Meu esposo sempre fala algo muito sábio, pessoas são mais importantes que coisas. O valor de uma pessoa é incalculável, porém, algumas vezes, profissões, carros, casas, roupas, joias passam valer mais do que pessoas.

Verdade seja dita, todas nós dispomos do mesmo tempo, não é mesmo? Contudo, algumas mulheres

O dia é hoje!

conseguem produzir, crescer e caminhar diferentemente de outras, de tal forma que alcançaram um viver sábio. Elas aprenderam a utilizar e a contar o seu tempo e, entenderam o valor que tem um dia.

* Ei, Maravilhosa! Eu quero lhe dizer que atitudes e pensamentos errados nos levam a agir de forma diferente de outras mulheres.

Que valor tem seu dia? Como você começa o seu dia? O que tem valor para você? Quais são seus pensamentos ao levantar? Muitas vezes você deve estar se perguntando o porquê desses questionamentos. Aonde você quer chegar com isto?

Calma, muita calma, eu quero lhe dizer que eles são necessários! Quando somos indagadas começamos a refletir sobre as nossas atitudes e ações que tomamos no decorrer da nossa vida, então, passamos a enxergar que a soma dessas ações determina a qualidade de nossa vida e o valor do nosso dia.

Você já parou para observar como os dias, meses e anos passam tão rápido? Estou casada há dezoito anos e tenho a impressão de que casei ontem, pois não vi esses anos passarem. Durante esse tempo, desperdicei grande parte dele com atitudes e pensamentos errados. Reclamava a todo o instante, nada estava bom para mim, e o pior de tudo, era extremamente negativa, não conseguia entender a importância de um dia e de como nossa vida é curta. A Bíblia nos orienta no livro de Salmos a respeito disso:

> "Ensina-nos a contar os nossos dias, de tal maneira que alcancemos corações sábios."
> (Salmo 90:12)

Perceber que a vida é curta nos ajuda a utilizar o pouco tempo que temos, de forma sábia, realizando o propósito pelo qual fomos criadas. Isto nos leva a ver que tudo é passageiro e o que importa é estar no centro da vontade de Deus. O apóstolo Tiago fala na Bíblia que somos como neblina que aparece por um pouco de tempo e depois se dissipa (Tiago 4:14).

Portanto, aja com sabedoria, aproveite ao máximo cada oportunidade, faça valer a pena cada minuto de sua vida, mesmo que você ache que o ponteiro do relógio está parando, não desista, pois para Deus, ele continua girando. Independente de sua idade ou situação, nunca deixe de viver o seu presente, nem deixe de acreditar que existe um recomeço. Saiba que existe um Deus que a ama e não desiste de você e que, mesmo na velhice, você produzirá frutos.

Reserve um momento para contar seus dias e pergunte-se: O que desejo que aconteça em minha vida antes que eu morra? Que pequeno passo tenho que dar em direção a tal propósito?

Aprendi a fazer esses questionamentos para mim mesma e isso gerou uma grande mudança na forma como eu começo cada dia. Ao acordar falo com o doce Espírito Santo e peço que renove minha mente, a forma de falar e tratar as pessoas, peço que Ele me ajude a sempre estar com um grande sorriso nos lábios, independentemente da situação.

Algumas mulheres alcançam durante uma vida breve aquilo que outras jamais conseguiriam fazer em uma vida longa. Sim, elas conseguiram! Foram além, mesmo com o pouco tempo destinado a elas, porque aprenderam o valor de um dia!

"A diferença não é como você passou sua vida, mas como você passou o seu dia."

O dia é hoje!

Cada momento é único e não volta mais. Não escolhemos quantos dias viveremos, mas podemos escolher como desfrutá-los. A duração de nossos dias não é medida em horas no relógio, contudo nas batidas do nosso coração através de atitudes que tomamos que vão fazer a diferença na vida de outras pessoas.

> *"Só há dois dias no ano em que nada pode ser feito. Um se chama ontem e o outro se chama amanhã. Portanto, hoje é o dia certo para amar, acreditar, fazer e, principalmente, viver."*
>
> Dalai Lama

A MALA DE ENTULHO

Todos nós sabemos que o passado já se foi e que fez parte de um certo tempo de nossas vidas. Um tempo em que aprendemos com nossos erros e, sobretudo, que nos possibilitou chegar ao estágio onde nos encontramos hoje. Entretanto, muitas mulheres persistem em viver no passado. Insistem em agarrar-se a sentimentos negativos que provocam sofrimento, medo, angústia, mágoa, rejeição e tristeza. Passam a vida arrastando esses sentimentos como se fossem uma mala da qual não podem largar. Elas vivem em um tempo que já passou, o qual não lhes pertence mais. Transportam para o presente a bagagem de entulhos do passado e, acabam paralisadas no meio do caminho com uma mala nas mãos.

Durante muitos anos da minha vida, vivi o meu passado, não largava a mala de entulhos por nada, porque ela me dava uma falsa sensação de segurança. Afinal, ali se encontrava a minha história. Dentro dela estavam os traumas, lembranças e palavras negativas que pessoas falaram para mim. Não sabia que me encontrava presa ao

O dia é hoje!

passado e que isso gerava dentro de mim sentimentos negativos de derrota, rejeição, medo, incapacidade e tristeza. Até que Jesus entrou na minha vida, pegou a minha mala cheia de entulhos e começou a jogar fora alguns deles. Ah! Como havia entulhos. E o pior é que estava acostumada com eles. Alguns deixavam ser jogados fora, outros não. Infelizmente, somos assim, nos agarramos a sentimentos e lembranças dolorosas e não queremos soltar, o que promove dentro de nós morte, totalmente o oposto daquilo que Jesus nos quer dar. Ele disse:

"Eu vim para que tenham vida e vida em abundância."

(João 10:10b)

Quando, meus olhos se abriram para este versículo, minha vida começou a mudar, entrei em um processo lento, mas crescente, de mudança em todos os sentidos. Eu quero lhe dizer algo, Maravilhosa:

As mudanças acontecem! Esteja aberta a elas. Muitas vezes as mudanças são compassadas e lentas, contudo, geram uma grande transformação na sua vida.

Depois que li a história de José do Egito, pude enxergar que não existem traumas, lembranças dolorosas, perdas ou palavras que nos impeçam de caminhar e chegar a altos patamares. José tinha todos os motivos do mundo para ser um frustrado, revoltado e traumatizado. Foi vendido por seus irmãos quando jovem e tirado do convívio familiar, depois foi ser escravo de Potifar onde, mais uma vez, sofreu uma acusação injusta que o levou para a prisão e lá ficou durante treze anos; a história é relatada em Gênesis. José foi um grande homem, pois não permitiu que os traumas do passado o paralisassem, ele crescia e produzia muito com diligência e amor, dedicado em tudo que fazia, não deixou que as marcas do passado dominassem seu presente e

O dia é hoje!

determinassem seu futuro. Nunca deixou de acreditar e obedecer a Deus, nunca permitiu que seus sonhos fossem enterrados, pelo contrário, sabia em quem ele cria e que no tempo certo seus sonhos seriam realizados.

Mas, qual foi o segredo de José? O que aconteceu para que ele não se contaminasse com seu passado? José sabia que não adiantava lamentar o ocorrido, sabia que suas forças e esperanças vinham do Senhor, tinha total dependência de Deus, ele tinha sonhos, portanto era um sonhador e quem tem sonhos não olha para trás e nunca fica paralisado. A Bíblia nos relata:

"Mas os que esperam no Senhor renovam as suas forças, sobem com asas como águia, correm e não se cansam, caminham e não se fadigam."
(Isaías 40:31)

José foi um visionário, enxergou além do limite de sua visão, viveu com visão de águia alicerçado pelos olhos da fé. Ele viu soluções onde pessoas só enxergavam problema, não se apegou a traumas, olhava para frente seguindo o alvo. O apóstolo Paulo nos orienta a tomar esta atitude:

"(...) esquecendo-me das coisas que atrás ficam, e avançando para as que estão diante de mim, prossigo para o alvo, pelo prêmio da soberana vocação de Deus em Cristo Jesus."
(Filipenses 3:13b-14)

Portanto, Maravilhosa, procure esquecer o que passou, do passado só se tira os erros para utilizá-los como alicerce para os acertos do presente, por isso não lamente uma dor passada, no presente isso só criará outra dor e a fará sofrer novamente. Deus nos orienta para que não fiquemos nos lembrando do que aconteceu no passado.

O dia é hoje!

"Mas agora o Senhor diz ao seu povo: Não fiquem lembrando o que aconteceu no passado, não continuem pensando nas coisas que fiz há muito tempo."

(Isaías 43:18)

Pode ser que neste momento você esteja se questionando:
- Tenho marcas profundas do meu passado e não consigo esquecê-las! O que devo fazer?
* Ei, Maravilhosa! Eu quero que você saiba que não pode apagar a sua história, ou o seu passado, mas pode resignificá-los, ou seja, vê-los de outra forma. Busque algo de bom nessa história, comece a enxergá-la com outros olhos.

Feche seus olhos neste momento, procure ver a sua história pelo lado de fora. Veja as pessoas, o local e você. Observe se as suas atitudes foram corretas, veja as atitudes dos outros. Muitas vezes agiram assim porque não tiveram opções e muito menos esclarecimento, uma pessoa que não recebeu amor não tem condições de dar amor, a menos que Jesus entre na vida dela e mude a sua história.

Dê cor a essa história cinzenta! Se você está lendo este livro neste momento é porque Deus te ama muito e está dando uma oportunidade para você entender coisas que podem mudar a sua história. Creia, isso é possível, José do Egito deu cor à sua história através das suas atitudes.

Para Meditar:
AS BANANAS

Certo viajante parou para descansar em um mosteiro. Ao entardecer, entrou em um quarto e encontrou um monge dando gargalhadas. Muito curioso o viajante perguntou ao

O dia é hoje!

monge por que ele estava dando aquelas gargalhadas. Muito solícito, o monge respondeu:
- Estou entendendo o significado das bananas. Nesse momento abriu a bolsa que carregava e, tirando uma banana podre de dentro, disse:
- Esta é a vida que passou e não foi aproveitada no momento certo, agora é tarde demais. Em seguida, tirou da bolsa uma banana ainda verde, mostrou-a e tornou a guardá-la, e indagou:
- Esta é a vida que não aconteceu, é preciso esperar o momento certo. E, finalmente tirou uma banana madura, descascou-a, dividiu com seu amigo e disse:
- Este é o momento presente, saiba vivê-lo com qualidade!

A PONTE PARA O FUTURO

Você se lembra quando era criança e seu aniversário se aproximava? Você ficava animada e ansiosa, pois sabia que poderia ganhar uma linda festa de aniversário, presentes e outras coisas especiais. Todavia, muitas das suas expectativas em relação ao aniversário poderiam acontecer ou não, enfim tudo se tornava em uma grande surpresa, entretanto você não deixava de acreditar que aquele dia teria muitas surpresas e alegrias.

Todo ano, no meu aniversário, agia também da mesma forma. Acionava uma ponte mental invisível que ligava o presente ao futuro, me via na minha festa, com muitas pessoas, recebendo os presentes, o local estava todo enfeitado com muitos balões, havia muitos doces e o bolo era de chocolate, o meu preferido.

Ah! Como gostava de ficar imaginando aquela festa, trazia-me uma grande felicidade. Não deixava de acreditar que se tornaria real, mesmo quando meus pais falavam que

O dia é hoje!

não iriam fazer nada, eu continuava crendo que aquela sonhada festa aconteceria. Os aniversários em sua maioria são assim combinam certeza e antecipação. E isto nada mais é do que fé!

> "Fé é o firme fundamento das coisas que se esperam e a prova das coisas que se não veem."
> (Hebreus 11:1)

Durante toda a minha infância pratiquei de forma inconsciente a minha fé. Tinha um desejo, esperava por ele e não podia vê-lo fisicamente. Contudo, o visualizava mentalmente, logo o via acontecendo. Minha vontade era tão forte que, nenhum dos meus aniversários deixou de ser realizado com a tão sonhada festa.

Quando Deus fez o ser humano deu muitos recursos para ele e um deles foi o poder da fé. Poder este capaz de trazer à existência aquilo que não existe. A fé é um dom dado por Deus que cresce à medida que a utilizamos, ela vem do ouvir e praticar a Palavra de Deus. Sem fé é impossível agradar a Deus ou realizar qualquer feito.

Temos a tendência de enxergar só aquilo que está diante dos nossos olhos. Temos dificuldade de ir além do que nossos olhos não contemplam. Muitas vezes você tem se encontrado em uma situação de desânimo, fracasso ou falta de motivação, motivos pelos quais suas forças têm se esvaído até o ponto em que você não consegue dar nem mais um passo. Se você está assim, algo está acontecendo.

* Ei, Maravilhosa! Pode ser que você não esteja praticando a sua fé. E isto fez com que você parasse de sonhar e consequentemente não visualizasse mais, ocasionando um bloqueio no seu futuro. Você precisa convidar o doce Espírito Santo para ativar sua fé. Independente de qual seja a sua situação, não se conforme com ela, busque a direção de Deus, Ele te deu recursos para

O dia é hoje!

ir Além do Pódio, acredite nisso! Você deve manter-se no presente visto que é nele que está sua vitória, porém, com os olhos no futuro alicerçados com alvos e metas. Nunca vi uma pessoa conquistar nada sem uma meta ou propósito.

Onde você quer estar daqui há um ano, dois anos, cinco anos? Quais são seus sonhos? Faça planos, estipule metas, crie uma ponte que a levará a um grande e promissor futuro. A fé é um grande dom que ajudará você nessa caminhada. Falaremos mais sobre fé no Capítulo 5.

* Ei, Maravilhosa! O dia é hoje! Viva-o, aproveite-o sabendo que amanhã será fruto do que plantar hoje. Não guarde mágoas ou tristezas do que passou, por mais que a tenham machucado na época, agora já não importam mais. Acorde para a vida, busque um novo recomeço, dê um novo colorido à sua vida, faça novas escolhas e conheça o grande El Shadai, o Deus todo poderoso do Salmo 139, que te criou e formou para que você pudesse ir muito Além do Pódio.

Ei, Maravilhosa!

Capítulo 2

Onde estão seu propósito e atitude?

> "Clama a mim, e responder-te-ei, e anunciar-te-ei coisas grandes e firmes que não sabes."
>
> Jeremias 33:3

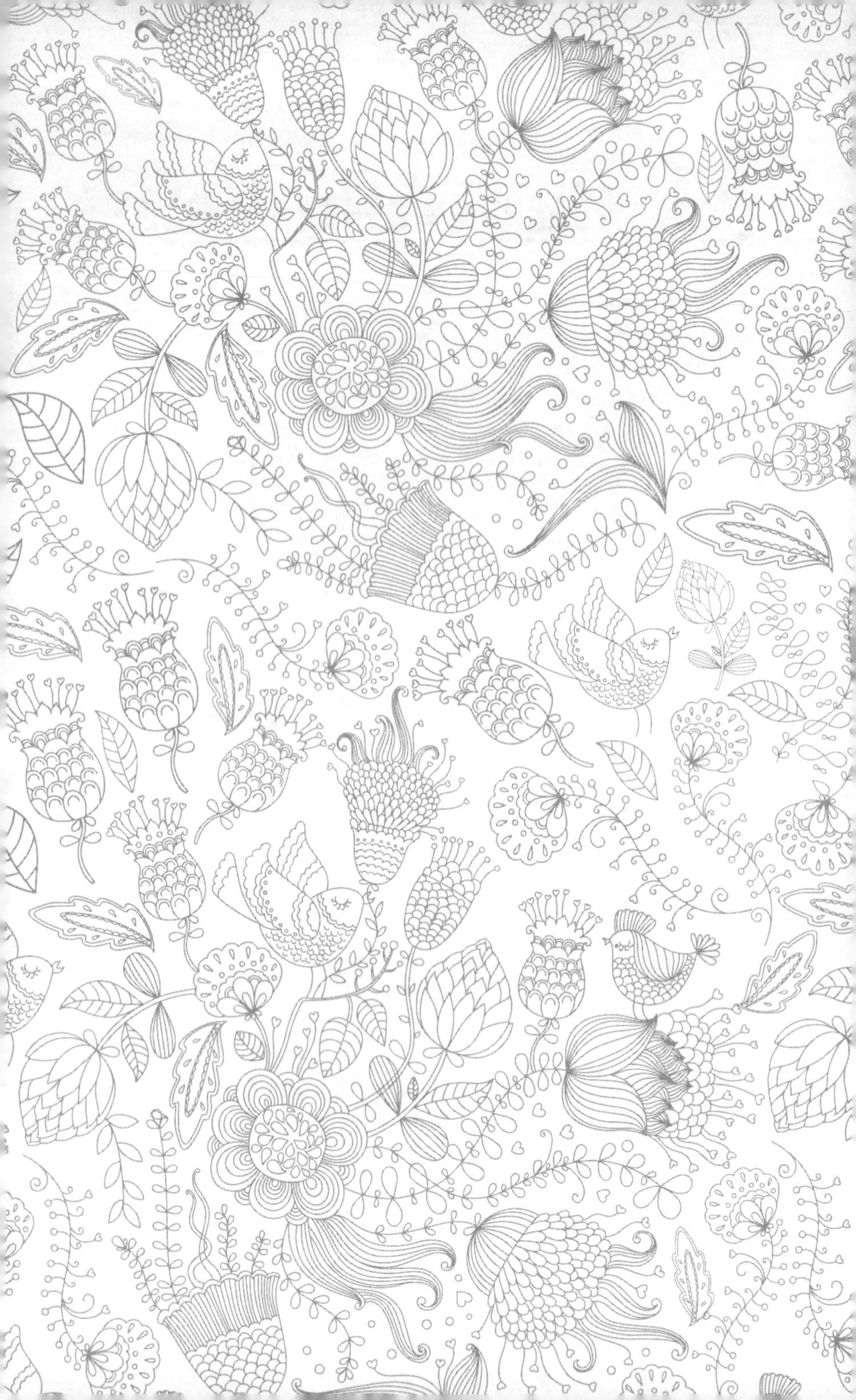

Onde estão seu propósito e atitude?

Nunca me esqueço do dia em que comprei o livro de Rick Warren, *Uma vida com propósito*. Esse livro abriu a minha mente de uma forma sobrenatural para eu discernir qual era o meu propósito. Já havia entregado minha vida ao Senhor Jesus há alguns anos e estava trilhando uma nova fase de mudanças com Cristo, todavia não tinha conhecimento do meu propósito, não sabia para onde ir e nem por que estava aqui!

Deus prepara o momento certo para nos dar a direção e entregar as bênçãos. Nada acontece por acaso. Apesar de estar ao lado de Jesus há algum tempo, não entendia a importância do meu propósito, foi então que Jesus reservou aquele dia para abrir meus olhos. Os anos se passavam, estava caminhando, mas sentia que andava em círculos. Tinha uma linda família, bom emprego, situação financeira estável, curso superior e sempre me mantinha atualizada, contudo nada disso alegrava o meu coração. Quando não conhecemos o motivo pelo qual fomos criadas, nada nos alegra, nada flui em nossa vida. E, assim, não foi diferente comigo. Comecei a clamar ao Espírito Santo que me orientasse em relação ao meu propósito. Foi então que Ele, com sua voz doce, me revelou coisas profundas que não conhecia a respeito do por que estava aqui!

"Clama a mim e responder-te-ei, e anunciar-te-ei coisas grandes e firmes que não sabes."

(Jeremias 33:3)

* Ei, Maravilhosa, você sabe por que está aqui? Sabe que existe um Deus que dirige a sua vida e que nenhum dos propósitos que Ele tem para você serão frustrados?

Vivemos em uma era tecnológica, na qual em questão de minutos, sabemos notícias e informações de qualquer parte do mundo. Estudamos inúmeros conceitos humanos,

Onde estão seu propósito e atitude?

resolvemos equações aritméticas complexas, porém nos falta o conhecimento mais importante, conhecer a nós mesmas. Quem somos, como fomos criadas, as potencialidades que temos e o propósito de estarmos aqui. Fomos criadas por Deus, do pó da terra. A Bíblia confirma isto.

> **"E formou o Senhor Deus o homem, do pó da terra, e soprou em seu nariz o fôlego da vida; e o homem foi feito alma vivente."**
> (Gênesis 2:7)

Somos compostas de vários elementos químicos que estão presentes na terra como: cálcio, potássio, enxofre, magnésio, fósforo, sódio, iodo, cobre, alumínio, entre outros. Portanto, não há como negar nossa origem. Deus nos criou e nos formou com plano e propósito.

> **"Eu, o Senhor, sou o seu Criador e tenho ajudado desde o dia em que você nasceu."**
> (Isaías 44:2)

Deus já tinha idealizado você muito antes da sua concepção, seus cabelos, cor dos seus olhos, seu corpo, seu material genético, tudo já havia sido projetado.

Que coisa fantástica!

Pode ser que neste momento você se pergunte:

- Tudo bem, já compreendi! Fui criada por Deus e tenho um propósito, mas como encontro o meu?

Eu quero que você saiba, Maravilhosa, que antes de encontrar o seu propósito, você terá que aprender sobre ele. Propósito significa, primeiramente, conhecer a Deus na sua essência, recorrer a Ele não por aquilo que Ele pode fazer por você, mas pelo que o grande "Eu Sou" é: amoroso, bondoso, misericordioso, benigno, justo e fiel. O uso desta expressão significa aquele que é independente de algo, o

Onde estão seu propósito e atitude?

Senhor deu a si mesmo o nome pessoal. "Eu Sou o que Sou", deriva de Iavé, uma expressão hebraica que expressa ação. Deus estava efetivamente dizendo a Moisés: "Quero ser conhecido como o Deus que está presente e ativo."

**"Assim dirás aos filhos de Israel:
Eu Sou me enviou a vós."**

(Êxodo 3:14)

Por tudo isso, o Senhor está dizendo a você, estou vivo, ativo e presente na sua vida, pronto para caminhar junto ao seu lado. O propósito de sua vida é muito maior que sua realização pessoal, carreira, felicidade ou sonhos. Contudo, para saber por que está aqui, você deve começar em Deus. Você nasceu pela vontade dele, para cumprir os seus propósitos.

Observamos, nitidamente, um desvio de rota, muitas mulheres começam pelo lado errado: o de sua satisfação e desejo. Fazem questionamentos direcionados para sua pessoa como:
- O que quero ser? Por onde devo começar? Qual profissão que melhor remunera? Porém, se concentrarmos em nós e nos nossos interesses egoístas, não iremos alcançar o nosso propósito e, consequentemente, estaremos fadadas ao fracasso. Rick Warren fala em seu livro que, somente em Deus descobrimos nossa origem, identidade, importância e a direção. Somente o inventor sabe para que serve a sua invenção. Pergunte para o criador por que você está aqui.

"Você foi feita por Deus e para Deus – e, enquanto não compreender isso, sua vida jamais terá sentido."

Rick Warren

Onde estão seu propósito e atitude?

À medida que conhecemos a Deus, compreendemos também o nosso propósito e essa é uma caminhada lenta e diária. Nesse percurso existem muitos obstáculos, adversidades que são colocados ali propositalmente. Tudo que acontece na sua vida tem um porquê, tem um propósito. Você sabia disso? Nada acontece casualmente. Cada uma de nós é escolhida por Deus para cumprir um propósito específico no lugar onde estamos e entre as pessoas com quem convivemos. O Senhor quer nos usar para que seu nome seja glorificado e para que sejamos canal de bênção na vida de outras pessoas. Para tanto, temos que fazer certas escolhas. Escolher deixar de lado um relacionamento doentio, pedir perdão, mesmo quando você é que foi ofendida, amar, independente de ser amada, ser feliz, em cada momento da sua vida, mesmo que tudo ao redor esteja negro, triste e sem vida.

Temos que abandonar determinados hábitos para fazermos a vontade de Deus e quando escolhemos agir assim, crescemos e somos levadas a subir mais um degrau do nosso aprendizado. Se as escolhas são corretas resultarão em bênção, se são erradas enfrentaremos as consequências. Deus não te leva a aprender multiplicar antes de você saber somar, enquanto você não aprende a somar você não sai do primeiro patamar.

Obter esse entendimento foi primordial para mim, pois, quando me encontro em uma situação na qual não consigo compreender a motivação, faço logo uma pergunta para Deus:

- Senhor, o que devo aprender com isto?

É impressionante como logo obtenho a resposta. Deus me mostra, aprendo o que Ele quer me ensinar e consigo subir mais um patamar. Agradeço a Deus pela sua graça e por me ajudar em minha caminhada.

Onde estão seu propósito e atitude?

"Mas, pela graça de Deus, sou o que sou; e a graça que ele me deu não ficou sem resultado. Pelo contrário, eu tenho trabalhado muito mais do que todos os outros apóstolos. No entanto, não sou eu quem tem feito isso e, sim, a graça de Deus, que está comigo."

(I Coríntios 15:10)

O PORQUÊ DESTE CAMINHO?

Como os porquês fazem parte da nossa vida, não é mesmo? Quando criança, questionamos os porquês de tudo, chegamos até ficarmos chatas com tantos porquês. Eu me lembro a minha mãe me dizendo:
- Chega! Não aguento mais tantos questionamentos.
Ficava todo o tempo fazendo perguntas para ela. Hoje tenho duas filhas e elas estão na fase dos por quês e agem da mesma maneira. A vida é assim, é inerente ao ser humano o desejo de querer entender e, em certas ocasiões é até necessário. Devemos questionar valores, condutas, e tudo aquilo que está fora dos mandamentos bíblicos. Entretanto, nem tudo que existe nesta vida pode ser explicado.

Certa vez, fiquei durante dias perguntando a Deus por que Ele tinha criado o homem, já que sabia que ele iria pecar e, consequentemente entristecê-lo. Não entendia isso, queria uma resposta. E, com grande amor, o Senhor me respondeu de uma forma que me surpreendeu. Assim Ele me disse:

- Adriana, você não é mãe? Quando decidiu ter filhas sabia quão abençoadas são as crianças, motivo de muita alegria, porém dão trabalho, choram, fazem travessuras e mentem. Porém, mesmo assim você quis ter filhas, não é mesmo? Sabia que teria trabalho, que elas poderiam te magoar. Contudo, quando elas chegam a você e dizem:

Onde estão seu propósito e atitude?

- *Mamãe eu te amo, me desculpa.*
Neste momento você abre os braços, as abraça, e diz:
- *Eu também te amo, filha.*
Então você esquece todo trabalho e tristeza que elas causaram.
- *Sabe Adriana, criei o homem para ter um profundo relacionamento com ele, instruindo no caminho que deveria andar, sabia que ele iria pecar. Porém, mesmo assim, decidi criá-lo e amá-lo. Preparei um salvador para retirá-lo do pecado e dar vida eterna, mas quando este pecador chega até mim e diz:*
- *Pai, pequei, me perdoa! Preciso de ti. Ao escutar isso, Eu derramo o meu amor sobre ele e lanço no mar do esquecimento todo o seu pecado.*

Aquela resposta me marcou, ali entendi o quanto Deus me ama e deseja ter relacionamento comigo. Pude então compreender que não tinha que me preocupar com questionamentos que não me levam à presença de Deus, simplesmente enchia a minha mente com teorias e conceitos errôneos que distorciam a Palavra de Deus.

A grande verdade é que o evangelho é muito simples, nós é que contextualizamos demais. Passamos a ser mais teóricas do que práticas, consequentemente nos tornamos céticas, sendo levadas a compreender as coisas a partir de uma explicação plausível e científica.

A realidade é que se pudéssemos compreender tudo, Deus não seria Deus. Os juízos, decisões e propósitos Dele são imensuráveis, insondáveis e inescrutáveis. Os caminhos e métodos do Senhor são misteriosos, contudo, Deus tem sempre um propósito em tudo o que faz.

"O Senhor faz tudo com um propósito."

(Provérbio 16:4)

Onde estão seu propósito e atitude?

No decorrer da minha vida, muitas vezes questionei Deus por situações que vivia e não entendia. Colocava-me no papel de vítima e lamentava a minha condição. Outras vezes queria direcionar Deus e dizia:
- Deus, o caminho não é este, a porta está fechada! O Senhor não está vendo? Nesta situação o melhor é ir por este lado, não é verdade?
Que terrível, agia de forma inconsciente e ainda achava que estava certa. Porém, ao perceber que a situação estava fugindo do controle, corria de volta para os braços do Pai e pedia para me ajudar a resolver o problema que sozinha havia criado. Fico imaginando Deus olhando tal situação e dizendo:
- Olha lá a minha filha, ela não entende que sou eu que direciono a vida dela, infelizmente ela terá que aprender errando o caminho. Neste momento, ela não compreende o que estou fazendo, mais tarde, porém, entenderá. Jesus, respondendo a Simão Pedro, disse:

"(...) O que eu faço, não o sabes, tu, agora, mas tu saberás depois."

(João 13:7)

Demorei muito para compreender isso. Deus sabe o que é melhor para nós e tem inúmeras formas de agir e nos direcionar. Não se chega Além do Pódio até que entendamos que tudo acontece por vontade ou permissão de Deus e tudo tem um propósito definido por Ele.
Pare de questionar ou tentar entender tudo que ocorre de forma oposta aos seus sonhos. Dificilmente entendemos o propósito de Deus de imediato. Na maioria das vezes relutamos, reclamamos e dizemos: Por este caminho não dá para seguir! Mas, quando entregamos verdadeiramente a nossa vida a Jesus, somos guiados pelo doce Espírito Santo que nos acalma e nos orienta dizendo:

Onde estão seu propósito e atitude?

- Este é o caminho que você deve seguir! Então, lá na frente vemos a porta se abrir e as coisas acontecerem. É impossível conhecer todos os propósitos de Deus, contudo a Bíblia nos relata alguns propósitos. Portanto, Maravilhosa! Seja qual for a circunstância, decida viver segundo o propósito de Deus, decida ter um relacionamento com Ele. Só Ele sabe o que é melhor e conhece o seu futuro, só Senhor Jesus pode conduzir seus passos para a eternidade. Esta vida não é tudo o que há. O que vemos aqui é apenas a ponta do iceberg. A eternidade é tudo aquilo que está abaixo da superfície que não vemos.

"Sem Deus nossa vida não tem propósito, sem propósito a vida não tem significado, sem significado a vida não tem esperança, sem esperança morremos."
Rick Warren

O IMPACTO DA ATITUDE

Quanto mais eu vivo, mais entendo o impacto que a atitude causa na minha vida. Atitude para mim é mais importante que dinheiro, educação, posição social ou poder posicional. Ela é a mola mestra que nos impulsiona, tirando-nos da inércia, leva-nos para a ação e coloca-nos em movimento, direcionando o meu e o seu propósito.

Você já parou para pensar qual o motivo de existir o pódio? E por que existe classificação nele?

Desde criança sempre presenciei meu pai assistindo campeonatos de Fórmula I, com o passar do tempo, de tanto vê-lo assistir, comecei a me interessar pelas corridas. Ah! Era uma festa ver Airton Senna correr e depois escutar aquela famosa música ao final da corrida, apesar disso, o que mais me chamava atenção era quando os pilotos subiam

Onde estão seu propósito e atitude?

ao pódio. Eu ficava imaginando o esforço, preparo e a dedicação que eles tiveram para conseguir estar ali, por alguns momentos me via no pódio, afinal quem não gostaria de estar lá.

Os desníveis do pódio sempre me levaram a questionamentos e pensava qual teria sido a diferença entre eles para que, atingissem níveis diversos. Naquela época não sabia o porquê, porém, hoje entendo que esses desníveis estavam relacionados à atitude que tiveram frente a cada obstáculo que eles enfrentaram. A forma de segurar o volante, de pensar, de resistir ao cansaço, tudo isso fez a diferença no nível que atingiram no pódio.

A forma como você encara os obstáculos é que faz a diferença em sua vida. A atitude nos leva a altos patamares, e junto carregamos vitórias, honras, sucessos e diferença. Sim, diferença, muita diferença! Essa diferença que causa impacto nas pessoas é que te faz acima da média. Deus te chamou para fazer a diferença, onde quer que você esteja ou vá. Você é uma transmissora de bênçãos! Deus te criou, formou e capacitou com dons, para que você seja uma mulher vitoriosa que venha impactar a todos através de suas atitudes.

"Maravilhosa, você não vale por aquilo que sabe ou tem, mas por aquilo que faz através da diferença de suas atitudes."

A MUDANÇA DA CARAPAÇA

Certa vez, li um texto de Luis Pellegrini muito interessante que falava sobre mudança, utilizando a lagosta como exemplo. O texto relatava o seguinte:

A lagosta vive tranquilamente no fundo do mar,

Onde estão seu propósito e atitude?

protegida pela sua carapaça dura e resistente. Mas, dentro da carapaça, a lagosta continua a crescer. Ao final de um ano, sua casa fica pequena e ela tem de tomar uma decisão. Permanecer dentro da carapaça e morrer sufocada ou arriscar sair de lá, abandonando-a, até que seu organismo crie uma nova carapaça de proteção de tamanho maior que lhe servirá de couraça por mais um ano.

Vagando no mar, sem a carapaça, a lagosta fica vulnerável aos muitos predadores que se alimentam dela. Mesmo sabendo dos riscos, ela sempre decide sair. A carapaça, que era uma segurança, se transformou em uma prisão mortal, se continuasse dentro dela, a lagosta não teria nenhuma chance de sobreviver.

Semelhantes à lagosta, nós, muitas vezes, ao longo da vida, ficamos prisioneiros de várias carapaças, como hábitos repetitivos, condições as quais nos acomodamos. Essas situações, exauridas e desgastadas, nada mais têm para nos oferecer. Devido à falta de coragem, não conseguimos mudar, nos acostumamos ao tédio de uma vida monótona que fatalmente, como a velha carapaça da lagosta, acabará por nos sufocar.

Atitude é uma mudança de estado. Você sai do ninho, do macio e do comodismo, para o novo. Então, aí começa pegar! Ninguém quer sair da zona de conforto. Toda mudança tem um preço a ser pago, e muitas vezes não estamos dispostas a pagar por ele. Toda mudança exige uma perda temporária de segurança, da mesma forma como a lagosta fica sem segurança quando está sem a carapaça.

Recentemente, meu esposo vendeu o apartamento em que morávamos, pois estávamos construindo uma casa e precisávamos do dinheiro para terminá-la. Logo que fechou o negócio, meu esposo começou a procurar uma casa provisória para nos mudarmos enquanto a nossa casa estava sendo construída. Tínhamos um prazo para realizar a

Onde estão seu propósito e atitude?

mudança, porém, após encontrar uma casa, meu marido imediatamente começou a encaixotar toda a mudança, ele não quis esperar pelo prazo que tínhamos para entregar o imóvel.
- Ah! Nesse momento a ficha caiu! Falei para mim mesma:
- Preciso mudar, socorro! Não quero!
Como é difícil aceitar uma mudança. Morava em um bom apartamento com todo o conforto e, de repente tinha que sair dali, ir para outra casa onde não havia nem sequer armários, teria que deixar praticamente toda minha mudança nas caixas até nos mudarmos definitivamente para a nossa nova casa. Confesso, lutei contra aquela situação, mesmo sabendo que ela iria me levar futuramente para um lugar muito melhor do que estava. A maioria das pessoas luta também contra as mudanças, especialmente quando elas as afetam pessoalmente.

Todos resistem à mudança, ela é mesmo difícil, e algumas das razões porque resistimos são a perda pessoal, o medo do desconhecido e a sensação estranha que ela gera. A grande verdade é que vivemos em um mundo onde as mudanças são inevitáveis. As pessoas e coisas se modificam num piscar de olhos, portanto temos que aprender a lidar com elas. Podemos optar por mudar para junto alcançarmos crescimento, vitórias e sucessos. Como também podemos escolher ficar estagnadas no lugar onde estamos, sem crescimento, vitórias ou sucessos. As pessoas que não querem mudar nunca liberam seu potencial, nunca chegam nem perto do pódio.

"Nada muda se você não provocar a mudança."

Onde estão seu propósito e atitude?

Viver essa experiência de mudança foi um grande aprendizado para mim e para minha família. Deus usou a mudança de residência para nos ensinar muitas coisas. Uma coisa é falar de mudança e outra é viver a mudança. Sabemos que a tendência das pessoas é continuar na rotina quando o assunto é crescer e mudar. Crescimento é uma escolha, uma decisão que realmente pode fazer diferença na vida de uma pessoa. É impressionante como o mundo muda, as coisas mudam, experimentamos mudanças todos os dias, a partir de nós mesmas. Mudanças para melhor e mudanças para pior. Modificações que edificam ou que destroem. É comum ouvirmos alguém falar: "Como a fulana mudou!".

Mas, o que é mudança para você? Deus é a favor de mudanças já que Ele é imutável?

Veja bem, Maravilhosa, Deus não muda e não mudará, Ele não é sujeito à mudança, mas é gerador das mudanças benéficas de nossos comportamentos, pensamentos e atitudes. O problema ocorre muitas vezes pela falta de conhecimento. A Bíblia relata:

"O meu povo foi destruído, porque lhe faltou o conhecimento."

(Oséias 4:6)

Esse conhecimento está ligado a todos os sentidos da Bíblia Sagrada, como também a você, aos outro e as coisas seculares.

* Ei, Maravilhosa! A leitura diária da Bíblia vai gerar conhecimento o que a levará a profundas mudanças.

Nunca se esqueça! As mudanças em sua vida sempre são proporcionais ao seu conhecimento. Mudar não é tão simples, pois existem barreiras para serem quebradas diariamente. Lembre-se, o primeiro passo tem que ser dado por você!

* Ei, Maravilhosa! Quando foi a última vez que você

Onde estão seu propósito e atitude?

mudou algo em sua vida? Talvez na última semana, mês ou ano? E como foi? Neste momento você pode estar pensando: Não sei quando foi a última vez que mudei nem sei o que é isso!

Maravilhosa, não se preocupe, isso é normal, por mais que vivamos em um mundo em constante mudança, temos dificuldades de aceitá-la.

Criamos inconscientemente falsas situações de mudança e achamos que estamos mudando.

Pare um instante e pergunte a si mesma: Vou dominar a mudança ou ela vai me dominar? Pense em uma mudança que você está resistindo neste momento. Analise por que está resistindo a ela. Quais os fatores que estão te impedido de sair do ninho?

Feche seus olhos e crie uma ponte para o futuro, veja a si mesma com novos comportamentos de mudança. Deus age na sua vida de forma sobrenatural quando você começa a dar os primeiros passos saindo da direção errada e indo para a direção que Ele te indicou.

Tome muito cuidado, Maravilhosa! "Se você não mudar a direção terminará exatamente onde partiu".

Em se tratando de mudança de residência, posso dizer que tenho um pouco de experiência. Quando solteira, mudei inúmeras vezes de cidade, meu pai trabalhava como gerente de uma companhia de petróleo, o que fazia com que ele sempre fosse transferido para outras bases da companhia. Isso não era muito bom, pois quando eu começava fazer amizades logo tínhamos que nos mudar. Porém, quando somos crianças tudo é divertido e de imediato nos adaptamos aos novos ambientes. Depois que me casei mudei sete vezes. Sim, já mudei um tanto! Mas nenhuma dessas mudanças falou tanto comigo como a última. Aprendi conceitos que me fizeram entender e viver literalmente cada passo da mudança, e esses conceitos o Dr.

Onde estão seu propósito e atitude?

Spencer Johnson fala em seu livro *Quem Mexeu No Meu Queijo*. São eles:

- **Mudanças Acontecem**

Já havia me mudado muito, porém não tinha internalizado que as mudanças acontecem e que deveria estar preparada. Isso mesmo, preparada! Você está preparada, Maravilhosa? As mudanças acontecem a qualquer momento. Portanto, esteja aberta a elas!

- **Antecipe a Mudança**

Sabia que tinha que me mudar, mas estava presa ao prazo. Queria ficar até o fim, não estava disposta a antecipar a minha saída do apartamento. Antecipe a mudança, não espere chegar ao limite para mudar. Quanto mais rápido você abrir mão do antigo, mais cedo desfrutará do novo.

- **Monitore a Mudança**

Durante o período em que me encontrava na casa provisória, ficava todo o tempo dizendo a mim mesma:
- Essa mudança é necessária, estou aprendendo muito com isto!
Monitorava minhas atitudes com pensamentos positivos. No processo de mudança é muito importante esse monitoramento, pois nos ajuda a não reclamar ou nos revoltar com a situação de transição. Sempre fale para si mesma:
- Está tudo bem! Esta situação é provisória, vai passar!
Louve, agradeça a Deus por tudo que Ele já fez por você.

Onde estão seu propósito e atitude?

- **Adapte-se rapidamente à Mudança**

Logo que mudei, procurei me adaptar ao local. Comprei alguns itens que eram necessários para a nossa instalação. Depois partimos para uma grandiosa faxina. Imagine uma faxina que Deus falou comigo! O banheiro do quarto do casal cheirava muito mal e estava com muito lodo nas paredes e no boxe. Não foi uma tarefa muito boa, entretanto entrei no banheiro e fiz umaboa limpeza. Tinha que me adaptar, afinal era minha casa provisória. No decorrer dos meses tive também que me aprender a conviver com as caixas na sala, com as baratas, com o mau cheiro do banheiro e com os ratos.
Ei, acredite, mudança é assim! Na fase de adaptação acontecem inúmeros percalços negativos, desânimo, revolta, dor, medo, angústia e ansiedade que acabam fazendo parte da mudança no início. Portanto, não desanime, é apenas um período que vai passar. Como também existem percalços positivos: alegria, prosperidade, amor, ânimo e muita fé.

- **Aprecie a Mudança**

Após o período de adaptação, passei para a apreciação. Ali Deus me fez enxergar que, onde quer que Ele me coloque reinará a paz e a felicidade, as quais independem das circunstâncias. A minha filha mais velha chegou até mim e disse:
- Sabe mãe, essa mudança trouxe coisas boas. Estou estudando mais e dormindo mais cedo, não assisto mais televisão e nem acesso à Internet. Ela estava vendo o lado bom da mudança. A mudança quando apreciada, gera em nós crescimento e nos leva a bons e maravilhosos resultados.

Onde estão seu propósito e atitude?

Então, Maravilhosa! Esteja aberta às mudanças. Elas acontecem você querendo ou não. O seu sucesso e a sua vitória iniciam-se através da sua mudança de atitude. Mudar significa sobreviver, tirar a dura e resistente carapaça que nos protege. Façamos como a lagosta, troquemos a velha e apertada carapaça por uma nova. Mesmo sabendo que por algum tempo estaremos desprotegidas. Largar o velho e abraçar o novo é, muitas vezes, a única possibilidade de sobreviver por mais um ano. Até que cresçamos ainda mais e, novamente, tenhamos de mudar de carapaça.

"O sucesso e a vitória se iniciam através de uma mudança."

Durante muitos anos da minha vida, chorei pedindo a Deus por mudança. Desejava mudar meus comportamentos, já que eles faziam com que as pessoas se afastassem de mim. Foi então que um dia Deus falou para mim: Você quer mudar, Adriana? Olhe para dentro de você! Você sabe quem você é? Veja seus defeitos, reconheça-os, anote cada um deles no papel. Veja também suas qualidades, reconheça-as, anote-as no papel. Dê um passo diário para melhorar cada defeito, não se assuste com o que vai ver ou passar, será necessário para o seu crescimento! O processo é lento e diário. Vai haver momentos dolorosos, mas aguente! Você vai suportar, vai passar!
- Eu, o seu Deus, estou com você nessa mudança!
Deus age dessa forma, nos carrega no colo no processo de mudança. Para tanto, não desista, não tenha medo, não se apegue às coisas velhas. Para cada dia do ano existe na Bíblia um "não temas".

Onde estão seu propósito e atitude?

A SUA ATITUDE DEFINE O PATAMAR QUE SE ENCONTRA

"Sua atitude define sua altitude"

Que patamar você se encontra hoje? Já subiu no pódio? Se já subiu, em que nível do pódio você está? É normal do ser humano ter medo de altura. Para muitos, viajar de avião é um grande problema, não conseguem se ver nas alturas. Muitas vezes, deixam de atingir altos patamares por medo e insegurança, se acham incapazes ou não merecem estar ali. Infelizmente tal situação acaba se tornando uma falsa verdade para muitas mulheres. Elas se conformam onde estão e não conseguem ir além. Criam inúmeras barreiras em nível de inconsciente que definem a sua altitude. As barreiras são alicerçadas por alguns fatores que bloqueiam seu comportamento e a impedem de ter melhores atitudes. No livro *Como Uma Atitude Pode Revolucionar Sua Vida*, o escritor John C. Maxwell fala sobre os fatores que direcionam a atitude. São eles:

- **Personalidade**

Quem é você?
Sua personalidade direciona sua atitude. Todos somos diferentes. Cada pessoa tem atitudes diferentes relativas à mesma situação.

- **Ambiente**

O ambiente ao qual você foi exposto enquanto crescia

tem impacto sobre sua vida e atitude. Em que tipo de ambiente você cresceu? Muitas das nossas atitudes estão relacionadas ao ambiente.

Cresci em um ambiente onde os laços familiares de parentesco eram preservados. Sempre que meus pais podiam, nos levavam para o convívio dos tios, primos e avós. Tenho inúmeras lembranças desse relacionamento familiar. Visitar meus parentes tem um grande valor para mim. Sempre que posso, procuro visitá-los.

- **Pessoas**

As pessoas que nos rodeiam, falam muitas coisas que acabam gerando em nós sentimentos. Conseguimos lembrar de palavras dos nossos pais, familiares, amigos e professores como se eles tivessem acabado de falar, não é mesmo? Porém, entre o emaranhado de vocábulos, existiram palavras boas e outras ruins. As palavras podem mudar o modo de como a pessoa se vê e direcionar o curso da sua vida. Elas têm impacto muito grande na sua atitude. Durante anos fiquei presa às palavras que determinadas pessoas haviam me falado. Tive muita dificuldade de me ver em altos patamares, assim para subir um degrau era complicado. Por várias vezes ouvi pessoas próximas a mim dizerem:

- Você é burra! Você faz tudo errado!

Cuidado, muito cuidado com o que você fala para outra pessoa. Você, através da fala, pode destruir uma pessoa ou levá-la para altos patamares.

- **Autoimagem**

Como você se vê?
O modo como você se vê tem grande impacto sobre a

Onde estão seu propósito e atitude?

sua atitude. Se você estiver com dificuldades para chegar onde deseja, talvez o problema esteja dentro de você. Se não mudar seus sentimentos interiores a seu respeito, você será incapaz de mudar suas ações externas com relação aos outros.

- **Experimenta**

As experiências de vivência são importantes para o crescimento pessoal. Existem pessoas que aprenderam experimentando, outras não. Na minha infância não tive acesso às experiências, meus pais nunca me falaram de algo e depois me levaram para vivenciar aquilo. Isso me fez muita falta. Cresci com distorção de valores e condutas por falta de diálogo e experiências. O experimentar é extremamente importante no caráter do ser humano. Não ter sido ensinada e não experimentar me levou, quando adulta, a ter muitas atitudes errôneas e essas atitudes criaram raízes profundas que somente Jesus foi capaz de retirar.

- **Pensamentos**

A sua atitude é moldada pelos seus pensamentos. O que você pensa de seus vizinhos, cônjuge, parentes e amigos revela sua atitude para com eles. A soma de todos os seus pensamentos compreende sua atitude geral.

Maravilhosa, não se esqueça, somos a soma de nossos pensamentos, portanto, se cultivares ideias positivas, certamente terás melhores comportamentos, serás feliz e transmitirá a felicidade a todos que tiverem ao seu redor. Caso contrário, se cultivares pensamentos negativos, colherás comportamentos não muito agradáveis. Ficarás triste e transmitirás esse sentimento a outras pessoas.

Onde estão seu propósito e atitude?

- **Escolhas**

Quanto mais você vive, mais a sua vida é moldada por suas escolhas e uma dessas escolhas é a sua atitude. Decisão está ligada à atitude.

O conhecimento de alguns fatores nos ajuda muito em nossa caminhada rumo ao pódio. O patamar que você deseja atingir está relacionado ao entendimento e à prática desses fatores que determinarão suas atitudes. Entretanto, existem obstáculos que mesmo com boa atitude você não poderá realizar.

Na sua caminhada para altos patamares, sua atitude representa 85%, suas experiências e competências representam 5% e 10% independem da sua atitude.

MESMO COM ATITUDE VOCÊ NÃO PODERÁ REALIZAR

A atitude faz, sim, uma enorme diferença em nossa vida, ela tem uma alta porcentagem, contudo uma ótima atitude não completa o que falta, não se pode desvincular atitude de realidade.

Meu pai sempre foi um homem muito competente e organizado em tudo que fazia, trabalhou durante anos sendo gerente comercial e isso lhe proporcionou uma grande experiência e competência no setor. Grande parte do seu sucesso profissional estava relacionado com a experiência que ele havia adquirido durante anos de empresa. Por mais que ele tivesse tido boas atitudes para chegar ao sucesso profissional através da confiança e determinação, sem experiência e competência a caminhada dele seria muito difícil.

Comecei a trabalhar muito cedo já na adolescência e,

Onde estão seu propósito e atitude?

antes de conquistar o primeiro emprego, quando estava diante de uma entrevista de trabalho a primeira coisa que me perguntavam era:
- Você tem experiências?

Então, engasgando, quase sem conseguir responder, dizia:
- Não, não tenho, mas acho que posso aprender muito rápido o trabalho.

John C. Maxwell afirm: Se você acha que pode fazer algo, isso é confiança: "Função Atitude". Contudo, se você pode fazê-lo, isso é competência: "Função Habilidade", sendo que as duas são necessárias para chegar a altos patamares.

As empresas procuram profissionais competentes! Uma pessoa que não tem competência tem que usar a confiança, atitude para desenvolver competência. A sua atitude não pode mudar alguns fatos e isso é real. Por mais que eu tenha uma boa atitude, existem coisas que não consigo fazer, como jogar basquete, por exemplo, não tenho altura para praticar tal esporte, também não posso deixar de envelhecer ou de ficar doente, por mais que me cuide.

Se tiver uma boa atitude desenvolverá sua competência e ganhará experiências, o que fará com que você continue a subir cada vez mais, sem medo ou insegurança. Deus te fez para estar em lugares altos, acima de qualquer obstáculo que eventualmente se coloque à sua frente.

Então, Maravilhosa! Decida hoje ter atitudes! Elas vão definir a sua altitude, assim como tem definido a minha.

Ei, Maravilhosa!

Capítulo 3

Você é insubstituível, única!

> "Não descuide do dom que você tem, que Deus lhe deu..."
>
> I Timóteo 4:14

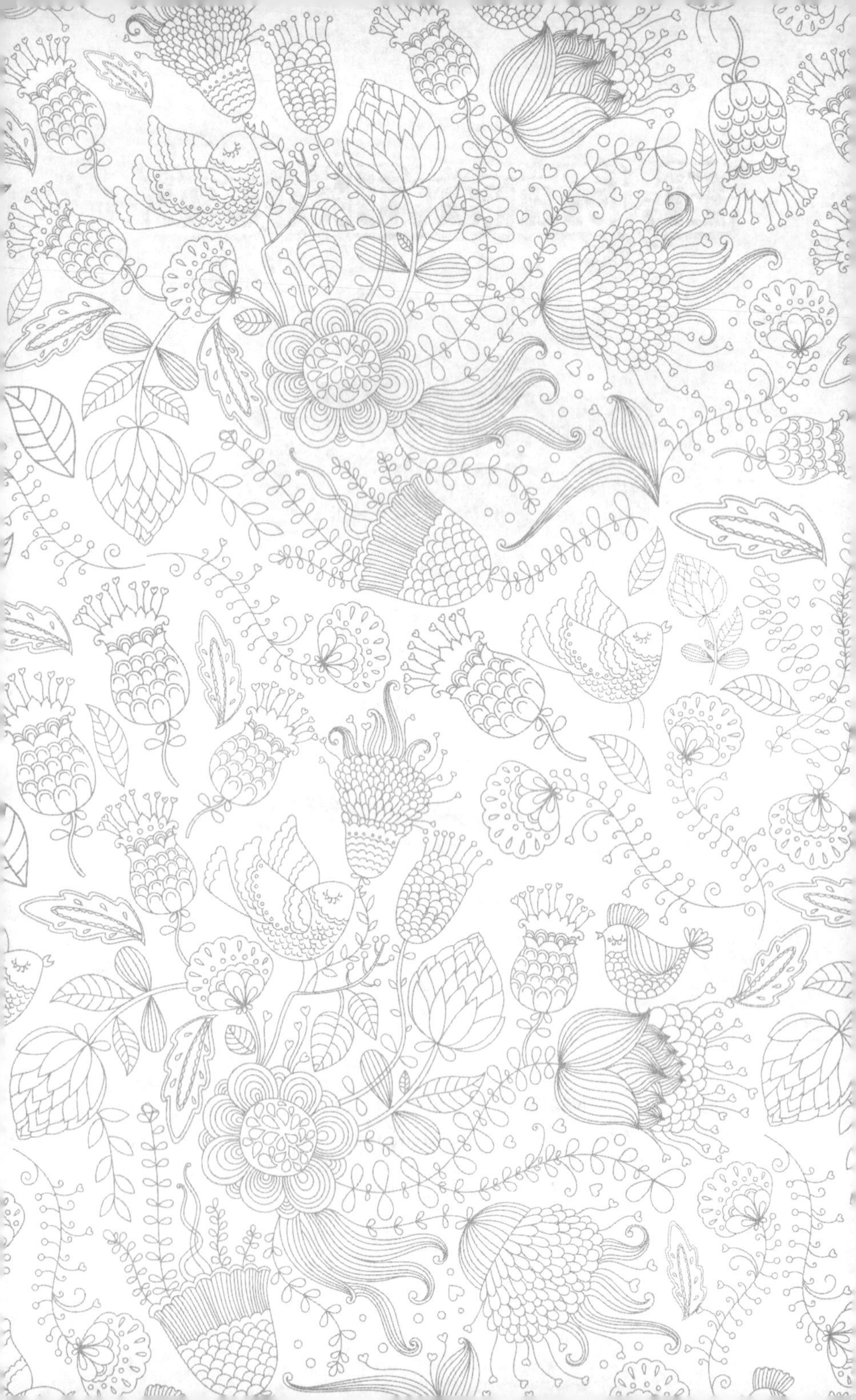

Você é insubstituível, única!

Você é insubstituível, sabia disso? Você e eu somos únicas, ou seja, não existe ninguém dos 7 bilhões de habitantes na terra igual a mim ou a você, cada um tem uma digital diferente, cada um tem a sua marca.

No decorrer da história vemos pessoas que deixaram a sua marca exclusiva através dos seus dons e potenciais. Até hoje não existiu substituto para Albert Einstein, um garoto que tirava nota baixa na escola e que se tornou o maior físico da história. Nem tão pouco existiu substituto para Beethoven, o gênio da música que muitos afirmam estar acima de qualquer classificação, uma das suas melhores composições foi escrita quando se encontrava parcialmente surdo. Nem ainda existiu substituto para o Apóstolo Paulo, um dos maiores missionários, teólogo e autor de treze epístolas do Novo Testamento. Esses e muitos outros deixaram seus talentos e marcas na história. Você não é diferente deles, tem uma marca e muito potencial para fazer a diferença.

Levou algum tempo para descobrir que tinha uma marca exclusiva, um grande valor, dons e muito potencial, sendo que todos eles foram dados pela graça de Deus.

Graça significa favor não merecido, não fizemos nada para merecer tamanho presente. No livro de Salmos vemos o salmista expressar a gratidão pela graça dada por Deus.

"Que darei eu ao Senhor por todos os benefícios que me tem feito."

(Salmo 116:12)

Como temos agradecido a Deus por tudo aquilo que Ele já nos deu? Se você está lendo este livro agora é pela graça, se você anda é graça, se você acordou hoje é graça, se tem família é graça, se tem talentos é graça. Pode ser que você esteja pensando:

Você é insubstituível, única!

- É verdade tenho que ser grata! No entanto, você não conhece a minha vida, não sabe o que já passei.

* Ei, Maravilhosa! Eu quero lhe dizer uma coisa, seja lá o que foi que aconteceu com você, já passou! Você sobreviveu e está viva pela graça.

    O Senhor te fez única, com muitos recursos e talentos, para que você pudesse fazer a diferença sendo um canal de bênçãos onde quer que esteja. Todos nós temos uma marca e ela é a reunião de talentos e atributos ruins ou bons que mostramos para as pessoas a nosso respeito. O seu modo de vestir, falar e de se relacionar com as pessoas é uma marca.

    Hoje, eu sou uma pessoa comunicativa, alegre, sempre estou conversando com alguém, abraçando ou beijando as minhas amigas e familiares, porém nem sempre fui assim. Por não conhecer a Deus verdadeiramente e desconhecer quem realmente eu era, vivi dentro da minha carapaça igual a da lagosta sem dar um sorriso, amargurada, pessimista, culpava e julgava as pessoas por tudo que acontecia. Contudo, pela graça e misericórdia, o Senhor Deus reverteu a situação e me selou com uma marca celestial. Meu pastor sempre me fala: "Filha, quando você chega todos sabem, você faz a diferença". Uma grande amiga me disse: "Adriana, você é peculiar, única, exclusiva". Minha filha me disse: "Mamãe você é minha melhor amiga". Essas são as minhas marcas. Qual é a sua marca? Como as pessoas veem você? Como uma pessoa pode chegar em um ambiente e fazer a diferença, ao passo que outra pode chegar e ninguém querer ficar perto?

    Sei que não sou perfeita, tenho falhas e a cada dia procuro renovar minha mente, para que possa tomar atitudes corretas que venham agradar ao meu Deus. Sei também que sou insubstituível, minhas habilidades são só minhas e mesmo que alguém aprenda a fazer o que eu faço, ainda assim farei de modo diferente devido às minhas

Você é insubstituível, única!

características. Por isso, Maravilhosa, você é única! Brilhe sempre e não desprezes o dom que há em ti.

"Não descuide do dom que você tem, que Deus lhe deu..."
I Timóteo 4:14

QUANTO CUSTA?

Certa vez estava no shopping, parei em frente a uma relojoaria, observei as joias pela vitrine, um anel me clamou atenção por ser diferente, perguntei à vendedora quanto custava aquele anel. Ela com lindo sorriso me disse: "Dez mil reais", engoli seco e questionei:
- Por que este anel custa tão caro?
Ela sempre muito simpática me disse:
- Esta é uma peça exclusiva, única, não existe nenhuma igual, por isso é cara.

Somos iguais aquele anel exclusivo, possuímos um valor incalculável, que não pode ser mensurado numericamente. O valor é tão grande que para nos resgatar da condenação do pecado, o próprio Deus se fez homem, habitou entre nós, morreu por você e por mim para pagar o alto preço que possuímos.

Hoje em dia é muito comum encontrarmos pessoas de várias classes sociais com equivalências distorcidas. Umas acham que não têm valor nenhum, outras se consideram inferiores, de segunda categoria, e outras acreditam que por estarem envelhecendo, estão perdendo o seu valor.

Um dia estava aconselhando uma mulher que estava muito deprimida com uma autoestima fragilizada. Perguntei qual o valor que ela se dava, numerando de 0 a 10? Cabisbaixa, ela me respondeu:
- Não consigo me dar valor nenhum.

Você é insubstituível, única!

Aquela mulher foi traída e deixada por seu marido, durante anos se anulou em função dele, fazia tudo para agradar e satisfazer seu esposo e, aos poucos, perdeu sua identidade, não conseguia ver seus dons, sua beleza e seus recursos. Enalteceu os predicados do marido e ignorou os seus.

Quantas mulheres se encontram nessa situação de desvalorização, se doaram demais fazendo tudo o que o outro desejava e não deram conta da importância que sua individualidade tem na relação. Acham que para serem amadas necessitam ceder sempre, aceitam tudo e simplesmente se anulam em função dos caprichos da outra pessoa. Iludem-se, acreditando que agem por amor. A pessoa que pouco discorda do outro, quase nunca expressa sua vontade. Não o faz por amor e sim por insegurança, por medo de que o outro não tolere ser contrariado e a deixe.

O segredo é ceder algumas vezes e ser mais firme em outras, mas sempre mostrar ao outro qual a sua vontade e ouvir qual é a dele. Tudo que se faz na vida tem de haver equilíbrio, se exagerarmos muito de um lado faltará do outro.

Você é aquilo que imagina ser. Se não tem consciência de seu valor, os resultados não serão muito animadores. Há valores embutidos em cada pessoa e eles não têm que ficar escondidos. O crescimento pessoal, profissional, emocional, social e espiritual só acontecerá quando você assumir a sua identidade e o seu valor.

A GRANDE REPRESA

Você já se questionou por que algumas pessoas parecem ter nascido vencedoras? O que as leva a se destacarem em tudo que fazem? Quantas vezes tive inveja de minhas amigas na escola porque tiravam notas mais altas

Você é insubstituível, única!

que eu. O que mais me deixava encabulada é que elas não estudavam e sempre tinham boas notas. Apesar de eu estudar muito, atingia apenas a média. Que desespero! Todo ano ficava em recuperação enquanto minhas amigas já estavam de férias.

Nos meus primeiros meses de vida, tive uma forte convulsão, que gerou alguns problemas em nível cerebral, tinha dificuldades de aprendizagem e de concentração e, ao falar, virava os olhos na maioria das vezes. Entretanto, estes não foram os principais problemas, o pior agravante adveio da boca de outras pessoas que falavam sobre mim:
- Esta menina é devagar, não aprende, é burra mesmo, não aguento mais ensinar a ela!
Essas pessoas não tinham conhecimento do que faziam comigo quando falavam aquilo. Por isso, tome muito cuidado com o que você fala para um filho, para seu esposo, familiar e amigos, da mesma fonte não pode jorrar dois tipos de água - doce e amarga, seja o seu falar doce com palavras de incentivo e elogio, para que as pessoas que estão próximas a você cresçam e liberem o potencial delas. Mesmo que elas não estejam do jeito que você gostaria, elas são bênção do Senhor em sua vida e é sua função ajudá-las. Existe dentro delas e de você um grande potencial que precisa ser liberado. Há uma grande represa dentro de cada um de nós que precisa ser rompida. Sendo assim, rompa sua represa e ajude outras pessoas a romperem também!
Não se esqueça, seus amigos e familiares são únicos, criados para fazer a diferença assim como você e eu, não desista deles, incentive-os, direcione-os para a fonte que é Jesus. Minha mãe não sabia da grande represa que existia dentro de mim. Nela estava contido todo meu potencial. Ela não tinha noção nem da sua própria represa, por isso não me ensinou a romper a minha. Porém, Jesus entrou na minha vida, rompeu a minha represa e me deu água da vida.

Você é insubstituível, única!

"Mas aquele que beber da água que eu lhe der se fará nele uma fonte de água a jorrar para a vida eterna.
(João 4:14)

Vá para a fonte que é Jesus, busque-o incansavelmente, só Ele pode romper essa represa que existe dentro de você, só Ele pode liberar o seu potencial. Ele é a fonte de todo o potencial.

O POTENCIAL

Você e eu, como já mencionado anteriormente, somos únicas, especiais, significativas e peculiares. Possuímos uma combinação genética como pessoas, cujas impressões digitais não podem ser duplicadas. Não há ninguém como você, nem existirá outra. Deus fez uma forma exclusiva para cada uma de nós. Ele nos criou com talentos naturais, dons, desejos e sonhos. A criação inteira possui esse princípio de potencial. Todos os seres têm o instinto natural para liberar as suas habilidades. Tanto no reino vegetal como no reino animal é notória a existência do potencial. Deus projetou tudo com princípio de potencial, que pode ser visto através da semente. A Bíblia nos afirma que Deus criou tudo com **"semente dentro, de acordo com suas espécies"** (Gênesis 1:12). Conclui-se, portanto, que dentro de todas as criaturas está introduzido um grande potencial.

Myles Munroe define potencial como habilidade não exposta, poder retido... força contida... capacidade escondida... sucesso não usado... dons adormecidos... talentos ocultos.

Potencial é a soma do que você é e que está revelado, bem como do que você não sabe, pois ainda não foi liberado, está preso na represa! O potencial é o grande desconhecido banco de recursos que Deus lhe deu ao nascer, ele é um continente que ainda não foi explorado, um mundo de

Você é insubstituível, única!

possibilidades à espera de serem liberadas e canalizadas para realizar o seu propósito. Deus plantou dentro de você habilidades, contudo, grande parte do potencial que você adquiriu desde o seu nascimento está intacto, não foi mexido. Isto acontece porque você muitas vezes não está ligada à fonte. Ainda não entendeu o seu propósito e busca recursos em vários lugares menos em Deus. Como consequência, a sua vida passa e seu potencial é desperdiçado. Imagino Deus olhando para você e dizendo:
- Filha, se soubesse quem você é. Se você descobrisse o que pode realizar através do seu potencial, a sua vida nunca mais seria a mesma.
- Ah! Se você soubesse! Soubesse é uma palavra forte, não é mesmo? Ela nos mostra a nossa falta de conhecimento em relação à maioria dos fatos.

Hoje é raro nos depararmos com alguém que não tem celular. Há inúmeros modelos, marcas e cores, eles possuem ainda diversas funções: ligam, têm agenda telefônica, tiram foto, gravam, acessam a Internet, dentre outras atribuições. São tantas funções que na maioria das vezes não sabemos nem sequer utilizá-las. Quantas vezes usava apenas os serviços básicos do meu celular por falta de conhecimento, tampouco fazia questão de aprender a manuseá-lo, com isso deixava de usufruir muitos dos benefícios que estavam à minha disposição através daquele aparelho e, na minha ignorância, achava que estava bom.

Quantas vezes agimos assim, nos conformamos com o que já temos e sabemos, achamos que está bom e aí entramos na "Síndrome de Gabriela" e falamos a todo momento:
- Eu nasci assim! Eu vou viver assim! Eu só sei assim! Eu sou limitada assim! Eu vou morrer assim!
* Ei, Maravilhosa você é assim? Em algum momento se viu assim? Tudo bem, não fique triste! Há sempre um

recomeço. Agora você já sabe que tem um banco de recursos dentro de você! Maravilhosa, você foi feita para ir Além do Pódio, e Deus te deu muito potencial, portanto vá em frente. Você é capaz de realizar muito mais do que já fez ou imaginou fazer! Você tem capacidade para realizar com toda excelência o seu propósito!

FERRAMENTAS PARA DESBLOQUEAR SEU POTENCIAL

* Ei, Maravilhosa! Quantas habilidades e recursos Deus te deu! Você é mesmo exclusiva e tem um alto valor, contudo você pode estar encontrando muitos empecilhos e fracassos que estejam impedindo-na de caminhar e ir Além do Pódio. Isso se deve porque não compreende a grandeza da sua capacidade, nem mesmo as ferramentas que são necessárias para desbloquear o seu potencial, essas ferramentas são:

1) Ferramenta Fabricante

Quando compramos um eletrodoméstico e não sabemos utilizá-lo recorremos ao manual do fabricante, pois ali estão contidas todas as informações que precisamos para aprender a manusear o produto. Semelhantemente, temos que agir para compreendermos a nós mesmas. Deus é o seu fabricante. Se você quer conhecer o seu potencial, deve recorrer a Ele e ao seu manual: a Bíblia. A Bíblia é a Palavra de Deus. Ela é um compêndio de sessenta e seis livros, escritos por vários autores diferentes, em épocas opostas, contudo todos esses autores foram inspirados pelo Espírito Santo. Do primeiro ao último livro existe uma perfeita unidade. É o livro mais antigo, mais vendido e o

Você é insubstituível, única!

único que gera uma mudança genuína na vida das pessoas. A Bíblia está repleta de princípios que nos direcionam para o caminho que devemos seguir.

Todo fabricante tem um distribuidor autorizado, pois o produto pode apresentar defeitos ou precisar de peças novas devido ao uso. O distribuidor autorizado celestial é o doce Espírito Santo, Ele é o único que pode mostrar as qualidades e características do seu potencial. É o único que repõe as peças e dá orientações quanto à utilização do equipamento e evita desperdícios. Sem conhecer o fabricante e estabelecer uma relação com Ele através do seu filho Jesus, não há esperança de você liberar o seu potencial. O potencial de todas as coisas está ligado à fonte. Portanto, o que você pode realizar está alicerçado no lugar de onde você veio. Jesus disse:

"... Sem mim nada podereis fazer."

(João 15:5)

2) Ferramenta Mão na Massa

A liberação do seu potencial exige que você visualize aquilo que deseja, até que o veja realizado. Nesse processo, Deus te dá os sonhos e te mostra o caminho, no entanto, você não pode ficar estagnada apenas sonhando, tem que levantar e partir para a ação colocando a mão na massa. O trabalho é o método que Deus estabeleceu para desbloquear o seu potencial.

3) Ferramenta Funcionar

Deus te projetou com características e capacidades complexas. Se você não conseguir aprender de Deus como foi idealizada para funcionar, poderá sofrer no decorrer da sua vida um curto-circuito. Portanto, para você desbloquear seu potencial terá que aprender a agir pela fé, de acordo com as especificações de Deus.

4) Ferramenta Propósito

Muito antes de ser gerada por seus pais, você foi concebida na mente de Deus. Ele pensou em você primeiro. Se você está viva neste momento é porque Deus quis criá-la! Você já parou para pensar nisso? Que coisa maravilhosa, Ele a idealizou, programou o local onde você nasceria e onde viveria para realizar o propósito Dele. Suas características, habilidades, raça e nacionalidade não são mero acaso. Ele planejou tudo em detalhes para a realização do propósito que tem para sua vida e para a minha. Para você realizar o propósito, Deus te deu dons e muito potencial.

5) Ferramenta Especificações

O padrão de Deus para a sua vida também inclui especificações nas áreas: física, emocional e espiritual. Essas especificações são necessárias, elas nos orientam em relação a nós mesmas, como devemos agir, pois é através delas que podemos ter uma vida plena e produtiva. Cada uma de nós tem temperamentos, características que nos fazem únicas. Isso nos leva a entender que, para desbloquear o nosso potencial, precisamos saber mais a nosso respeito.

Na área física tenho que cuidar da minha saúde com uma boa alimentação e atividade física, no entanto, tenho os meus limites, minhas especificações, por exemplo, se vou caminhar, aguento no máximo uma hora, se passar disso não consigo mais andar. Cada uma de nós tem especificações que precisam ser respeitadas. Na área emocional, encontramos uma enorme dificuldade de colocar em prática

Você é insubstituível, única!

as especificações, pois elas dependem de um profundo conhecimento de nós mesmas. Às vezes estamos no mar da tranquilidade e da calma e, de repente, disparamos o gatilho da ira. Necessito saber o que motivou tal ação. No meu caso, disparo o gatilho quando sou afrontada por outra pessoa. Para outras, pode ser o tom de voz ou gestos faciais. Enfim, cada uma de nós temos nossas peculiaridades, as quais fazem com que ajamos de forma correta e aproveitemos todo o nosso potencial. Quando você sabe quem realmente é, e como funciona através das especificações, encontra toda a sua potencialidade.

6) Ferramenta Mudança

Para desbloquear o seu potencial, você tem que estar aberta a mudanças que aparecerão no decorrer da sua vida. Ela tem a finalidade de promover crescimento e liberar mais ainda seu potencial. Essa ferramenta é tão importante que já foi abordada com bastante clareza no capítulo anterior.

7) Ferramenta Pensamentos

Para desbloquear o seu potencial é necessário saber gerenciar os seus pensamentos. Temos que saber o que se passa em nossa mente através dos nossos pensamentos. São milhares de ideias que precisam ser filtradas. Pensamentos que trazem sentimento de tristeza, angústia, ansiedade, incapacidade, inferioridade, medo, entre outros que têm que ser deletados da nossa mente, pois geram morte. Estas ideias têm que ser substituídas por outras que geram vida. O apóstolo Paulo nos orienta em relação a isso:

"Por último, meus irmãos, encham a mente de

Você é insubstituível, única!

vocês com tudo o que é bom e merece elogios, isto é, tudo o que é verdadeiro, digno, correto, puro, agradável e decente."

(Filipenses 4:8)

Os seus pensamentos direcionam seus passos e orientam suas decisões. Contudo é necessário mudar seus pensamentos para que seu potencial seja liberado.

A história está repleta de homens e mulheres que iniciaram uma obra e não a acabaram. Não o fizeram por falta de tempo ou por terem morrido. Eles não terminaram porque lhes faltou desbloquear seus potenciais. Que grande tragédia! Eles não tomaram posse do valor que tinham e do potencial que possuíam.

Deus olha para você e vê o seu valor, suas habilidades e da mesma forma você tem que se ver, caso contrário você estará fadada a obras incompletas. O que importa não é como você começou, mas como vai terminar. Jesus concluiu a sua tarefa na terra. As palavras que proferiu na cruz indicam claramente que Ele realizou sua missão.

O lugar mais rico do mundo não são os poços de petróleo ou as minas de ouro, são os cemitérios! Sim, dentro dos cemitérios. Lá que estão enterrados os livros que nunca foram escritos, os quadros que nunca foram pintados, a casa que nunca foi construída, o carro que nunca foi comprado, as viagens que nunca foram feitas, o curso superior que nunca foi concluído, o abraço que nunca foi dado.

Portanto, Maravilhosa, não leve para o túmulo os seus sonhos, realize-os agora! Rompa a sua represa, libere todo o seu potencial e ajude outras pessoas a romperem a represa delas. Nunca se esqueça de que você só existe porque Deus a fez e só tem dons e muito potencial porque Deus te deu. Com Deus somos valiosas e únicas, longe dele nada somos e nada conseguiremos.

Ei, Maravilhosa!

Capítulo 4

Você sabe lidar com suas emoções?

> "Mas o fruto do Espírito é: amor, alegria, paz, longanimidade, benignidade, bondade, fidelidade, mansidão, domínio próprio."
>
> Gálatas 5:22

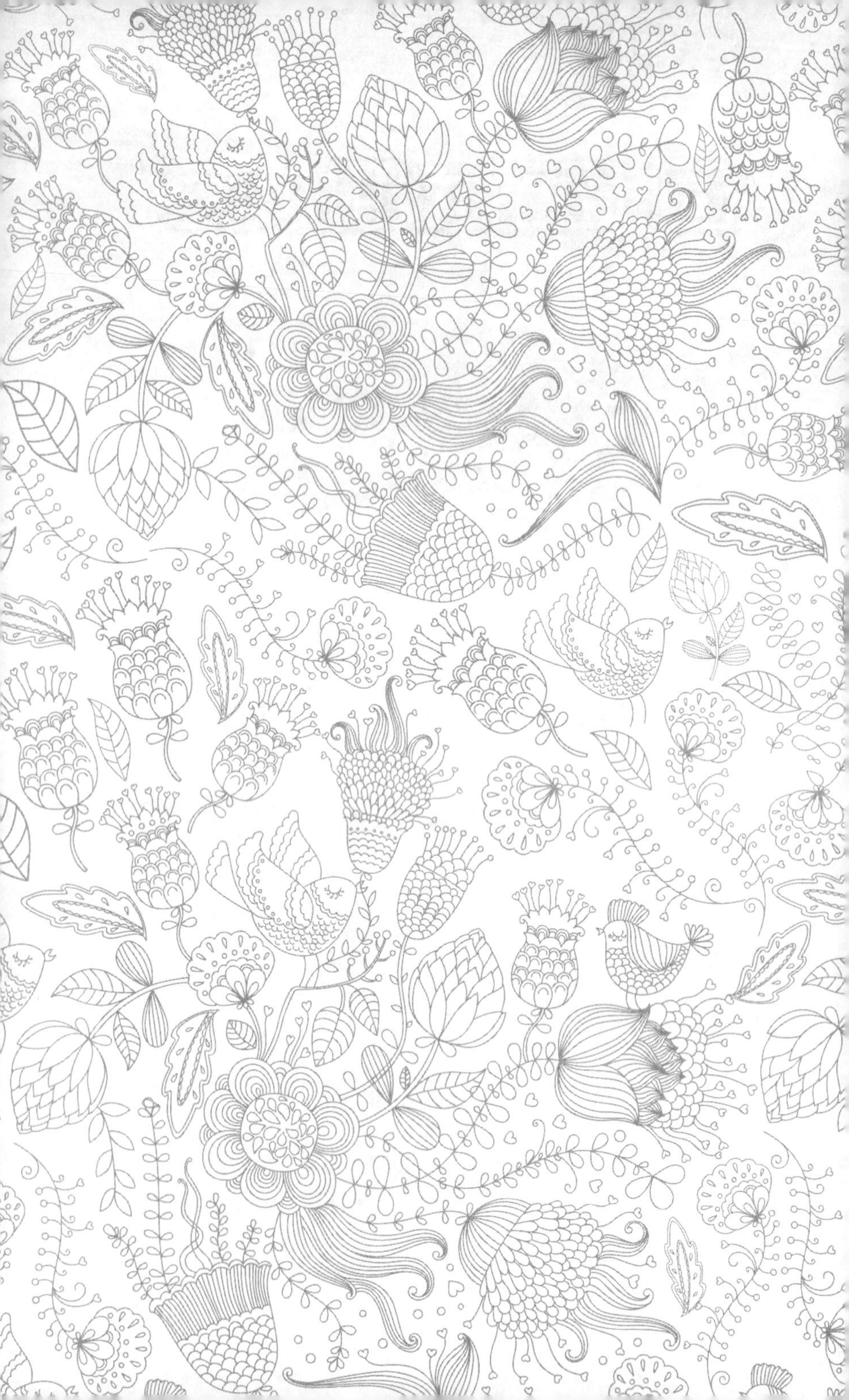

Você sabe lidar com suas emoções?

"Suas emoções não são quem você é – elas são a forma como você se sente".

Joyce Meyer

Creio que a maioria das pessoas já teve que lidar com algum tipo de problema emocional. Talvez você se sentiu angustiada por algum tipo de medo, afinal vivemos em uma época de muita violência. Pode ser que você já tenha sofrido com depressão, pois acumulamos inúmeros lixos diários dentro de nós. Talvez você possa ter tido súbitos momentos de ira explodindo como uma bomba em cima de outras pessoas, ou então possa ter vivido momentos de muita ansiedade que foram gerados em seu coração devido à incerteza do dia de amanhã. Enfim, seja lá o tipo de problema que você já passou ou tem passado, ele provém de uma raiz que se chama emoções. Maravilhosa, temos que aprender a lidar com as emoções.

Recebemos diariamente uma carga enorme de estímulos estressantes, o que nos leva a ficar cada vez mais frágeis emocionalmente, e gera dentro de nós agressividade, impaciência e egoísmo. Acabamos criando inconscientemente um sistema de defesa contra os problemas emocionais e bloqueamos o fruto do Espírito Santo dentro de nós:

"**Mas o fruto do Espírito é: amor, alegria paz, longanimidade, benignidade, bondade, fidelidade, mansidão, domínio próprio.**"

(Gálatas 5:22)

O fruto do Espírito é o modelo de caráter de todo

cristão. Devemos permitir ser moldadas pelo Espírito de Deus para agir de acordo com os princípios bíblicos.

* Ei, Maravilhosa! Deus te deu muitas emoções. Sim, muitas emoções, o nosso Deus é um Deus de emoções. Elas fazem parte da nossa vida diária, geram inúmeros sentimentos bons ou ruins. Mas como entender ou controlá-las?

Quando Deus nos criou nos deu um coração que tem desejos, o coração é mais do que um órgão que bombeia o sangue para todo o corpo, ele é responsável por nossas escolhas, vontades, ações e ainda, nossas emoções. Ele é a sede de nosso conhecimento e crenças. Assim, é no coração que se encontra a raiz de nossas emoções e é nele que devemos focar a nossa atenção. A Bíblia nos ensina que os problemas emocionais ocorrem quando temos desejos ou ídolos não satisfeitos em nosso coração.

"Homem mortal, esses homens deram o seu coração aos ídolos e estão deixando que os ídolos os façam pecar." (Ezequiel 14:3)

Sempre me vi em uma montanha russa, entre altos e baixos. Em um determinado momento estava feliz, portanto, em cima da montanha russa e, de repente, quando um telefonema me levava a uma tremenda irritação, me fazia despencar lá de cima. Muitas vezes tive dificuldades de lidar com minhas emoções, perdia o controle e acabava sofrendo e causando sofrimento aos outros. É impressionante, acabamos ofendendo as pessoas que mais amamos. Não entendia qual era o motivo e, até começar a compreender um pouco desse universo emocional, passei anos em profundos conflitos internos em relação às minhas emoções.

Verdade seja dita, sempre tive muito medo de um

Você sabe lidar com suas emoções?

confronto pessoal comigo mesma, tinha pavor das minhas feridas emocionais, um verdadeiro desespero de descortinar os meus ídolos não satisfeitos que estavam dentro de mim. Afinal, isso seria um grande confronto e, muitas vezes, o que não queremos é ser confrontadas. Preferimos ficar entre altos e baixos na montanha russa do que conhecer a origem dos nossos problemas emocionais. Ao longo dos anos tenho visto muitas mulheres com muitos conhecimentos seculares, porém, com pouco conhecimento para lidar com as suas próprias emoções. As pessoas que não procuram se conhecer, vivem, na maioria das vezes, tendo pesadelos e acabam sempre acordando assustadas e se sentindo estranhas em sua própria casa. Ou seja, elas vivem sempre horrorizadas com seu descontrole emocional, porque não aprenderam a lidar com suas emoções.

Devemos aprender a lidar com os nossos sentimentos enquanto eles estão ocorrendo, precisamos saber o que temos de bom e de ruim. Os nossos sentimentos não determinam quem nós somos, eles simplesmente revelam o que sentimos. Os sentimentos são expressos pelas emoções. Elas dão cor à vida e através deles tomamos inúmeras atitudes positivas e negativas.

Augusto Cury define emoção como um campo de energia em contínuo estado de transformação, que produz centenas de emoções diárias e, que se organiza, se desorganiza e se reorganiza num processo contínuo e inevitável. Seria muito bom que nesse processo só existissem sentimentos prazerosos e que os sentimentos de infelicidade fossem extirpados.

Precisei passar por muitos conflitos para compreender que tinha um grande valor, que a grandeza de uma pessoa é medida pela forma como ela deixa que seus sentimentos sejam dominados pelo Doce Espírito Santo, e que a única coisa que deveria ocupar lugar prioritário no meu coração era Jesus e não os meus desejos não correspondidos. Várias vezes questionava a minha instabilidade emocional e, em muitas delas, culpava-me por isso. Não tinha conhecimento de que Deus nos dava escolhas. Deus nos criou para dominar sobre todas as coisas que existem na face da terra e principalmente as nossas emoções, Ele nos deu domínio próprio.

Somos nós que decidimos se vamos ser felizes ou infelizes.

Somos nós que decidimos se vamos guardar mágoa de uma ofensa ou se vamos perdoar.

Somos nós que decidimos se vamos viver ansiosas por algo que nem sequer aconteceu ou se vamos viver com toda intensidade o dia de hoje.

Somos nós que decidimos se vamos plantar cactos ou se vamos plantar rosas em nosso jardim emocional.

"Os nossos maiores problemas não estão nos obstáculos do caminho, mas nas escolhas da direção errada..."

Augusto Cury

Somos nós que temos que tomar as rédeas das nossas emoções direcionadas pelo Espírito Santo. A mente humana é como um pêndulo que vai de um lado para outro entre razão e emoção. Se formos guiadas pela emoção, viveremos conflitos, sentiremos medo diante de pequenas coisas, ficaremos ansiosas por situações que não aconteceram, permaneceremos angustiadas pelas críticas e opiniões alheias. Se formos guiadas pela razão, amaremos pouco, nos entregaremos parcialmente, sonharemos limitadamente

Você sabe lidar com suas emoções?

e teremos escassez de criatividade.
Calma, calma, não se assuste com o pêndulo! Ele existe por alguma razão, você só tem que conhecê-lo e aprender a direcioná-lo, para saber manter um equilíbrio entre ambos os lados.

O desejo de Deus é que todos vivam com equilíbrio emocional e tomem posse da paz que Jesus já nos deu, desfrute de forma sábia do melhor desta terra, seja uma transmissora de bênção por onde passar. Quando Deus fez você e eu, nos deu sentimentos que são externados pelas emoções. Deus é bom, sabe o que faz e sempre tem um propósito em tudo. Os altos e baixos das nossas emoções têm um propósito com uma tríplice finalidade:

1) Gerar Crescimento

Quando criança, eu chorava muito, todo aquele choro tinha algum motivo: uma hora tinha caído da bicicleta, em outra, minha amiga não queria mais brincar comigo, outra vez queria brincar de amarelinha e minhas primas de esconde-esconde.
Cada momento de choro e de tristeza me levaram a crescer. Quando caía de bicicleta e me machucava, aprendia que tinha que me equilibrar e prestar mais atenção. Quando minha amiga não queria brincar mais comigo, aprendia que ela não estava me rejeitando, mas sim, cansada de brincar. Quando minhas primas não queriam brincar de amarelinha, aprendia que tinha que respeitar suas vontades afinal, não era só a minha que deveria prevalecer. Em relação à vontade, necessitamos a todo o instante estar nos policiando. O nosso crescimento é contínuo, nunca paramos de crescer, aprender, errar, sofrer e nos alegrar. É entre esses altos e baixos que o nosso crescimento é ativado.
Imagine se você ficasse no topo da montanha russa o

Você sabe lidar com suas emoções?

tempo todo. Fatalmente deixaria de aprender muitas coisas que seriam necessárias para o seu crescimento.

2) Aplicação de um Teste

Deus nos prova ou testa, você sabia disso? Sim, nos prova.

> **"Amados, não se surpreenda com o fogo que surge entre vocês para os provar, como se algo estranho lhes estivesse acontecendo"**
> (I Pedro 4:12)

Portanto, Maravilhosa, tudo o que acontece em sua vida há consentimento de Deus. Não se esqueça de que, muitas vezes, decisões erradas que tomamos nos levam a pecar, o que gera sérias consequências, portanto não culpe a Deus por tudo que acontece de ruim em sua vida. As nossas ações são decorrentes de sentimentos que alimentamos e que conduzem a uma decisão.

Deus utiliza as provas para que sejamos dependentes Dele e pratiquemos a nossa fé. Somos abençoadas quando Deus nos disciplina. Ele usa as adversidades para nos dar estabilidade.

O Senhor utiliza os tempos difíceis para nos ensinar profundamente. Existem situações que nos deixam irritadas, no entanto, elas acontecem para nos ensinar a sermos pacientes. Os testes tanto desenvolvem quanto manifestam o caráter de alguém. Você e eu sempre estamos sendo testadas. Deus observa as nossas reações em relação às pessoas, aos problemas, ao sucesso, às enfermidades e às decepções. Ele nos dá oportunidade para utilizarmos a nossa fé e emoções para crescermos. Lembre-se, Deus não a levará a aprender a multiplicar antes de você ter aprendido a somar. Portanto, aprenda, passe nos testes e suba mais um patamar.

Você sabe lidar com suas emoções?

* Ei, Maravilhosa! Mesmo quando passamos nos testes sempre existirão cursos de reciclagem para não nos esquecermos dos conceitos básicos. O apóstolo Tiago diz:

"Felizes são aqueles que perseveram quando são testados. Depois de serem aprovados, eles receberão a coroa da vida que Deus prometeu aos que o amam"

(Tiago 1:12)

3) Não acostumar com nossa vida aqui

Deus nos dá escolhas, sua vontade é que todas vivamos felizes. Ele quer que desfrutemos das emoções que nos dão prazer. Para tanto, temos que aprender a dizer não para as emoções que geram em nós infelicidade. A nossa vida aqui nunca será um mar de rosas, pois se assim fosse, nos conformaríamos com ela e não iríamos querer sair daqui. A terra é a nossa residência provisória. A Bíblia utiliza termos como forasteiro, peregrino, estrangeiro, visitante e viajante, para relatar nossa curta temporada na terra. Para impedir que fiquemos muito apegadas à vida terrena, Deus permite que venhamos sentir descontentamentos e insatisfações. Jesus viveu muitas emoções e Ele entendia que a única forma de vencer as emoções era por meio de uma vida de oração e comunhão com Deus. Jesus sabia que a vida não é fácil e por isso Ele nos afirmou:

"No mundo tereis aflições, mas tende bom ânimo, eu venci o mundo"

(João 16:33)

A verdade é que existirão momentos de tristeza, assim também como teremos momentos de alegria durante a vida. Mas o que vai fazer a diferença é a direção que você vai focar.

Você sabe lidar com suas emoções?

Maravilhosa, tenha certeza de uma coisa, é sempre você que decide para que lado quer olhar!

Para Meditar:

O PONTO

Certo dia, um professor entrou na sala de aula e disse aos alunos para se prepararem para uma prova-relâmpago. Todos se sentiram assustados com o teste que estava por vir.

O professor entregou uma folha com a prova virada para baixo, como era de costume. Quando puderam ver, para surpresa de todos, não havia uma só pergunta ou texto, apenas um ponto negro no meio da folha.

O professor, analisando a expressão de surpresa de todos, disse:

- Agora vocês vão escrever um texto sobre o que estão vendo. Todos os alunos, confusos, começaram a difícil tarefa. Terminado o tempo, o professor recolheu as folhas, colocou-se à frente da turma e começou a ler as redações em voz alta.

Todos, sem exceção, definiram o ponto negro tentando dar explicações por sua presença no centro da folha. Após ler todas as redações, a sala ficou em silêncio, e ele disse:

- Esse teste não será computado nenhuma nota, apenas servirá de aprendizado para todos nós. Ninguém falou sobre a folha em branco. Todos centralizaram suas atenções no ponto negro. Assim acontece em nossas vidas. Temos uma folha inteira para observar, aproveitar, mas sempre nos centralizamos nos pontos negros.

A vida é um presente de Deus dado a cada uma de nós com extremo carinho e cuidado. Temos motivos para comemorar sempre. Os amigos e familiares que se fazem presentes, o emprego que nos dá o sustento, os milagres que

Você sabe lidar com suas emoções?

diariamente presenciamos. No entanto, insistimos em olhar apenas para os pontos negros. O problema de saúde que nos preocupa, a falta de dinheiro, o relacionamento difícil com um familiar, a decepção com o cônjuge... Os pontos negros são mínimos em comparação com todas as coisas agradáveis que vivenciamos diariamente, mas são eles que povoam a nossa mente e os nossos sentimentos.

Desvie seu olhar dos pontos negros da sua vida. Creia, o choro pode durar toda uma noite, mas a alegria vem no amanhecer. Tenha essa certeza, a sua vitória virá! Então, tranquilize-se e seja feliz!

APROVEITE SUAS EMOÇÕES GERENCIANDO-AS

Deus te deu emoções! Aproveite-as! Sim, aproveite-as! Uma das formas de aproveitar as nossas emoções é aprender a gerenciá-las. Gerenciamos as emoções quando não deixamos que pensamentos ruins dominem a nossa mente. Isto ocorre sempre na mesma direção através de um ciclo. Pensamentos geram emoções, emoções geram ações. Ou seja, pensamos, sentimos e agimos. Encontrei-me inúmeras vezes nesse ciclo. Estava lavando louça tranquilamente e, de repente, lembrava-me de uma pessoa que tinha me criticado há muito tempo e, como em um piscar de olhos, brotava dentro de mim um sentimento de mágoa associado a uma tristeza, se persistisse a pensar nesse acontecimento, minha ação tomava o rumo dos meus sentimentos. Com o passar do tempo, descobri que meus pensamentos dominavam meu comportamento, então passei, com a ajuda do doce Espírito Santo, a gerenciar meus pensamentos.

Quando percebo que estou pensando em algo ruim, imediatamente procuro deletar aquele pensamento e o substituo por outro que seja bom. Passo então a cantar louvores, recitar versículos ou tento me lembrar dos momentos de alegria que vivi e, no mesmo instante, aquela ideia ruim desaparece. O que fica é um sentimento de alegria por estar louvando ao Senhor. Devemos monitorar a todo o tempo a nossa mente, colocando nela coisas que sejam boas, agradáveis e puras. O apóstolo Paulo fala sobre isso:

> "Por último, meus irmãos, encham a mente de vocês com tudo o que é bom e merece elogios, isto é, tudo o que é verdadeiro, digno, correto, puro, agradável e decente." (Filipenses 4:8)

Que tipo de livro você costuma ler? O que você tem assistido? O que você tem acessado na Internet? Com quem você tem conversado? A grande verdade é que tudo isso influencia no seu modo de pensar, seus sentimentos e suas atitudes. Portanto, se você quer mudar suas emoções, fique atenta ao que você está pensando, se perceber que está imaginando algo que gere tristeza, ansiedade e medo, delete na mesma hora e substitua esse pensamento por outro que gere alegria, paz e confiança. Veja bem, gerenciar pensamentos exige dedicação, se você persistir e começar a praticar, com certeza vai desfrutar de vários benefícios.

Fale com você mesma, Maravilhosa, e diga:
- Está tudo bem! Eu sou uma pessoa Maravilhosa tenho muito valor! Eu estou melhorando a cada dia! Eu tenho paz! Eu sou feliz! O meu dia vai ser maravilhoso hoje!

Comece a monitorar o que você lê, assiste, acessa e conversa.

* Ei, Maravilhosa! Não espere resultados rápidos e imediatos, sob o pretexto de que decidiu mudar. Tenha calma, o processo é lento e constante, cada ação que você

Você sabe lidar com suas emoções?

executa levará a mudanças efetivas dentro do seu coração e mente.

REVIGORE-SE! A ALEGRIA ESTÁ TRANSBORDANDO

No decorrer da nossa vida, quantas vezes ficamos prisioneiras de palavras e atitudes de outras pessoas para nos sentirmos bem ou estarmos felizes. Quantas vezes deixamos de sorrir para alguém porque outra pessoa não nos cumprimentou. Inúmeras vezes passamos o dia malhumoradas com o nosso marido, porque ele não reparou que cortamos o cabelo. Algumas vezes você passa dias com raiva do seu chefe porque ele não a elogiou por algo diferente que fez. Quantas vezes ficamos chateadas pela sinceridade de uma amiga que em vez de ficar nos elogiando, nos mostra algumas falhas que cometemos e necessitam de mudanças. Este é um grande mal, escolhemos ser destruídas pelas lisonjas do que ser restauradas pelas críticas.

Então o que fazer? Como agir quando estamos prisioneiras de palavras e atitude ligadas a outras pessoas?

Era o dia das mães e eu estava muito triste, apesar de estar bem com minhas filhas e com minha mãe. Porém, como procuramos enxergar apenas os pontos negros, minha tristeza era motivada porque meu esposo se encontrava em viagem e até então não tinha ligado para me felicitar. Fiquei o dia todo carregando um sentimento de mágoa, afinal, ele não tinha me ligado. Como me senti "coitadinha"! Foi então que resolvi orar e colocar aquele sentimento diante do Senhor Deus na sua infinita misericórdia inclinou seus ouvidos para mim, mesmo que aquele sentimento tivesse sido gerado através de um ato egoísta de reconhecimento. Deus tem um propósito em tudo e queria me ensinar uma

Você sabe lidar com suas emoções?

lição. Quando meu marido retornou de viagem, começamos a conversar à noite, falei para ele que tinha ficado magoada porque não tinha me ligado no dia das mães. Então, com muita sabedoria ele disse: Adriana, o inimigo está te prendendo e fazendo com que você fique infeliz, você não está vendo? Você está presa a uma atitude que depende de outra pessoa, sua alegria está vinculada a uma ligação e a algumas palavras bonitas.

Naquele momento as escamas caíram dos meus olhos, comecei a ver o quanto dependia dos outros para ser feliz. Passei a entender que não preciso de elogios, ligações, reconhecimentos para estar bem e ser feliz. Então tomei uma atitude, decidi, independente da situação, estar sempre feliz. "Com telefonema ou não!"

* Ei, Maravilhosa! É você quem decide a forma que vai viver, sentir e pensar. E esta decisão faz toda a diferença em sua vida. Portanto, decida hoje revigorar-se, transborde de alegria. A alegria não depende do tempo, paisagens, festas, roupas ou pessoas. Ela brota de dentro para fora e está relacionada com os seus pensamentos, então, gerencie-os. A alegria não está em viver, mas em saber viver. Aproveite as emoções boas que Deus te deu. Foque nelas e não as largue por nada. Sorria, um sorriso é capaz de mudar uma vida.

"Não devemos permitir que alguém saia da nossa presença sem se sentir melhor e mais alegre"

Madre Teresa de Calcutá

Você sabe lidar com suas emoções?

Para Meditar:

A ALEGRIA

Ei, a alegria está transbordando, portanto não viva trancada dentro de si, remoendo seus sentimentos ou brigando com a vida.

Ei, a alegria está batendo à porta, ela deseja entrar e transbordar o seu dia. Ela pede simplesmente um sorriso seu.

Ei, somente um sorriso seu pode mudar suas emoções, portanto sorria e viva mais alegre.

MEDO! ENTENDA-O E DOMINE-O

O medo é uma sensação produzida em reação a um objeto, pessoa, animal ou fato. É resultado de uma preocupação. Nosso cérebro produz substâncias químicas chamadas de neurotransmissores que servem para manter o equilíbrio entre um estado normal e o senso de perigo. Quando o cérebro detecta que o nosso corpo está em perigo, lança o sinal de alerta que leva 12 milésimos de segundos para que reajamos ao perigo, então ele produz uma substância química que prepara o corpo para ter uma reação de "lutar ou fugir". Deus nos fez assim com esse mecanismo de alerta, para nos avisar quando o perigo está próximo. Isto é normal, o medo nos dá limites. O medo tem o seu lado positivo, ele nos mantém distantes dos perigos da vida e nos coloca em segurança.

Já vi algumas pessoas não respeitarem certos limites e, consequentemente, perderem a vida. Como também já vi pessoas serem paralisadas pelo sentimento de medo de algo irreal. É aí que está o grande problema! O medo pode privá-la de amar, alegrar-se e até impedi-la de desenvolver o seu

Você sabe lidar com suas emoções?

potencial.
O medo às vezes nasce da ignorância. Sim, ignorância; ignorância do amor de Deus, da Palavra de Deus, e de não querer aprender. A grande verdade é que temos medo do que não conhecemos.
Sempre tive muito medo de ficar sozinha de noite em casa, tinha impressão de que entraria ladrões. Isto me deixava em estado de pânico. Quando meu marido tinha que viajar, chamava sempre alguém para dormir comigo. Aquele medo me dominava e, o que é pior, estava dominada por um medo que não existia, nenhuma vez algum ladrão entrou em minha casa. Esse medo vinha da minha infância, presenciei muitas vezes minha mãe com medo de ficar em casa à noite. Durante anos esse medo fez parte da minha vida. Até que um dia meu marido me perguntou:
- Adriana, por que você tem medo de algo que nunca aconteceu? Pare! Tem algo te bloqueando! O que está te faltando?
Esses questionamentos mexeram comigo, percebi que me faltava conhecimento da verdade. Jesus falou sobre isso:

"E conhecereis a verdade, e a verdade os libertará"
(João 8:32)

Estava presa, amedrontada por não conhecer a verdade, não estava vivenciando a verdade, não tinha me entregado totalmente nos braços de Jesus, sendo que o verdadeiro amor lança fora todo medo. Não vivia verdadeiramente o amor de Jesus e sim o medo que Satanás colocou em minha mente.
Quantas mulheres vivem assim por não conhecerem a verdade, ficam paralisadas por seus medos, impedidas de alcançar seus objetivos e de caminhar rumo ao pódio. Você vencerá seus medos ou eles irão te vencer? Você escapará

Você sabe lidar com suas emoções?

dessa prisão ou continuará presa nela? A decisão é sua. A única forma de sair dessa prisão é conhecer a verdade, pois ela vai te libertar! Jesus disse:

"Eu sou o caminho, a verdade, e a vida..."

(João 14:6)

Então, dê um basta ao medo de rejeição, de crítica, do fracasso, de conquista, de falhar, de amar, de falar, de animais, coisas ou pessoas. Tome uma decisão! Mude hoje mesmo o seu modo de pensar e suas atitudes. Mude um pouco sua rotina, gaste mais tempo lendo, orando, medite na Palavra e converse com as pessoas. Você pode sentir medo, isso é normal, confesso que ainda tenho um pouco de medo, porém procuro não ceder a ele. Não, ceda ao seu medo. Se ceder, dificilmente chegará Além do Pódio. Portanto, enfrente-o! Ainda que com medo. Creia, o Deus de amor está com você nessa mudança e ajudará a jogar fora todo esse seu medo.

"Para lutar contra o medo, você tem que agir. Para deixar o medo crescer, apenas espere, adie, não faça nada."

D.J. Schwartz

Ei, Maravilhosa!

Capítulo 5

Como está a tua fé?

> "A fé é a certeza de que vamos receber as coisas que esperamos e a prova de que existem coisas que não podemos ver."
>
> Hebreus 11:1

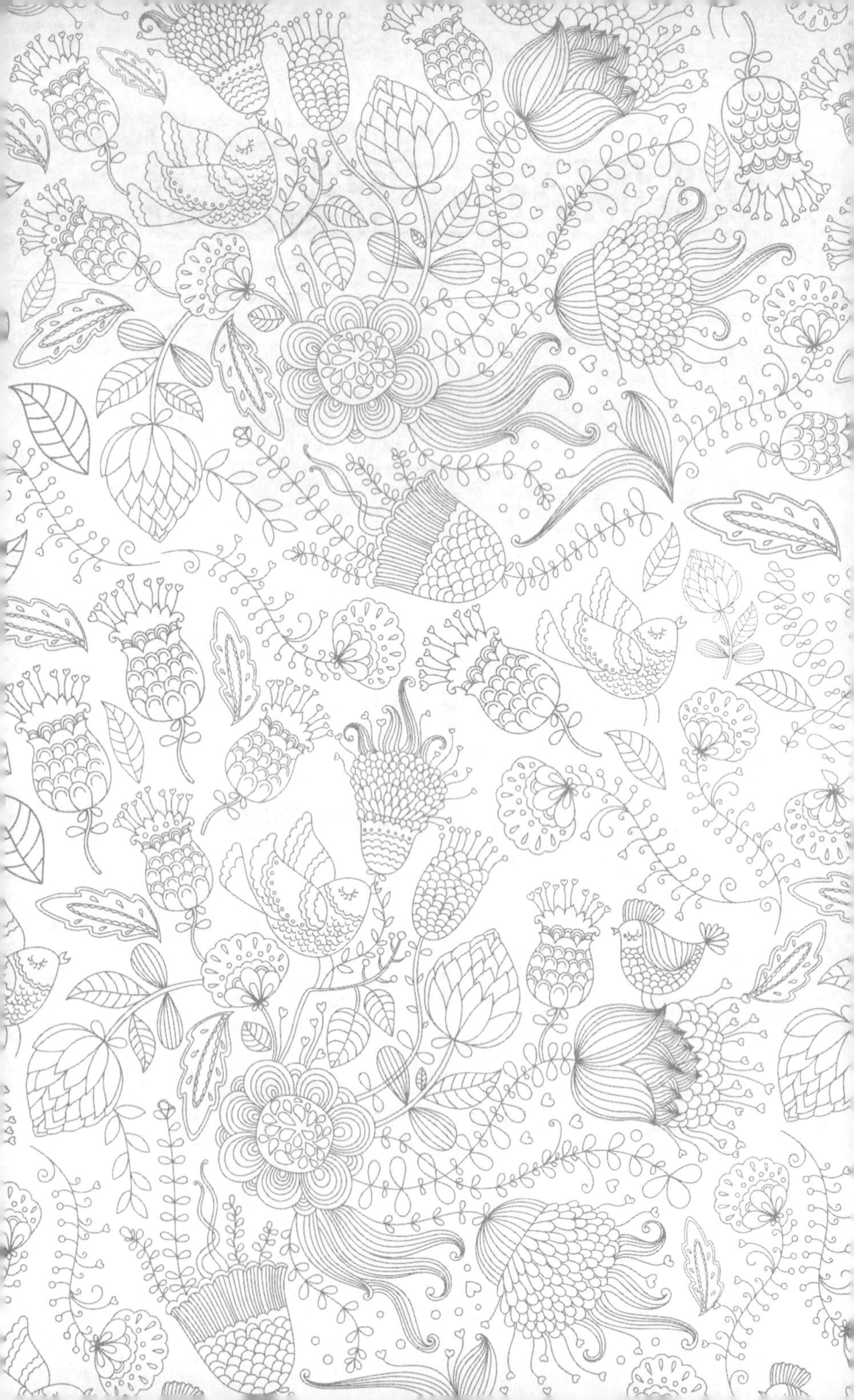

Como está a tua fé?

Como está a tua fé? Será que ela está desfalecendo? Será que ela está forte e firme como os cedros do Líbano? Ou será que ela está como as ondas do mar, indo e voltando? Certo dia Jesus subiu no barco com seus discípulos e disse para irem para o outro lado do lago. Logo após sairem da margem do lago, Jesus pegou no sono e dormiu. Então um vento muito forte começou a soprar sobre o lago e o barco ficou cheio de água, de modo que todos estavam em perigo. Os discípulos tomados pelo medo, acordaram Jesus, dizendo: Mestre, vamos morrer! Jesus se levantou e deu ordem ao vento e à tempestade. Imediatamente o temporal cessou e tudo ficou calmo. Então, Jesus interrogou aos discípulos:

"Por acaso vocês não têm fé?"
(Lucas 8:22:25)

Essa passagem bíblica fala muito comigo, ela traz uma indagação muito forte. Quantas vezes as tempestades da vida nos deixam inseguras e com medo, a ponto de nos esquecermos de acionar o botão da fé. Quantas vezes somos surpreendidas com a morte de um filho ou cônjuge, perdemos o emprego ou até mesmo somos acometidas de uma grave doença e então acabamos agindo semelhante aos discípulos. Quando o vento começou a soprar forte e a água encheu o barco, os discípulos ficaram apavorados e se esqueceram do poder de quem estava no barco com eles. Não se lembraram do poder da sua fé. Jesus não falou que os discípulos não tinham fé, mas questionou por que eles não colocaram-na em ação.

O grande desafio diário é colocar em prática a nossa fé em meio às circunstâncias adversas que surgem no decorrer da nossa vida.

Maravilhosa! Não tem jeito, as coisas acontecem! As

Como está a tua fé?

tempestades são constantes! Agora o que a levará a vencer todas elas é como você focaliza cada turbulência e com que olhos vê cada adversidade. Muitos preferem fingir que tais provações não existem, outros passam a vida se lamentando, outros se jogam no álcool e nas drogas, outros perdem a confiança no sistema, nas pessoas e se tornam céticos, outros ainda, passam a vida com medo de tudo. Há, portanto, somente uma minoria que diante das adversidades, escolhem viver pelos olhos da fé.

É notório como as pessoas estão com a fé desfalecida. A grande verdade é que elas pararam de acreditar, estão perdendo a fé.

Certa vez perguntaram para um grande evangelista muito usado por Deus:
- Você é o homem que tem uma fé forte? Então, ele com muita sabedoria respondeu:
- Não, sou um homem que tem uma fé fraca no poderoso Deus.

Portanto, não se preocupe em medir a sua fé. Jesus disse que se tivéssemos fé do tamanho de um grão de mostarda removeríamos montanhas, sendo assim, preocupe-se em buscar o poderoso Deus que fortalece a sua fé fraca.

Quando uma pessoa deixa sua fé enfraquecer, a esperança se debilita, os sonhos morrem e a vida acaba se tornando um enorme fardo pesado e sem sentido. A vida depende da fé, ela é a mola propulsora que nos move e faz a vida ter sentido.

Deus está sempre em movimento, Ele não para e não se cansa. Em suas mãos está todo o controle do universo, nada passa despercebido sem que Ele saiba.

Há pouco tempo, li uma frase em um livro que dizia:
"O que será que Deus está fazendo neste momento?"
Esta frase levou-me a refletir.

Como está a tua fé?

O que será que Deus estava fazendo exatamente naquele momento ou o que chamaria a sua atenção a ponto de Ele parar a rotação da terra e mandar fogo do céu quando dois adoradores, Josué e Elias, oraram clamando por ajuda divina.

Pude então chegar a uma conclusão muito simples em relação ao que Deus faz ou procura. Deus está à procura de verdadeiros adoradores que o adorem em espírito e em verdade. Deus está à procura de pessoas que vivam pela fé. A história está repleta de homens e mulheres que viveram pela fé, e que, com certeza, chamaram a atenção de Deus inúmeras vezes.

A Fé é a matéria-prima de tudo. A Bíblia diz:

"Sem fé é impossível agradar a Deus."
(Hebreus 11:6)

Deus trabalha por meio da fé. Deus fez você e eu para funcionarmos mediante a fé. Se você não está funcionando pela fé, está operando mal. Você precisa então consultar o manual do fabricante e analisar o que ele diz em relação à fé.

O manual diz:

"O justo viverá pela fé."
(Romanos 1:17)

"A fé é a certeza das coisas que esperamos e a prova das coisas que não vemos."
(Hebreus 11:1)

Como aquele vento que veio de repente sobre os discípulos no barco, teremos ventos soprando contra nós. A vida é inconstante. Deus permite ventos fortes e algumas ondas para provar a nossa fé. Essas são oportunidades para demonstrarmos a nossa fé.

Jesus te convida hoje a ter uma fé dinâmica, que está sempre em movimento, alicerçada em prática. Através

Como está a tua fé?

dessa fé, conseguimos sentir Jesus caminhando conosco e, nos momentos mais difíceis, Ele nos carrega no colo.

Myles Munroe em seu livro *Redescobrindo a Fé* fala de algo muito interessante em relação à prova de nossa fé. Se você diz: "Eu acredito em Deus", prepare-se, porque Ele testará sua confiança, a fim de que você mesma e outras pessoas confiram se ela é de fato real. O propósito do Senhor não é de humilhá-la ou pegá-la em uma mentira, mas sim, ajudá-la a crescer, pois Ele sabe que uma fé sem provação não é válida e não significa muita coisa.

Os testes pelos quais passamos fortalecem a nossa fé, nos fazem crescer e também revelam o motivo que está por detrás dela. Ou seja, se dissermos: "Eu confio em Deus", então por qual motivo nós confiamos em Deus? Será que confiamos porque sabemos quem Deus é?

"Deus não é homem para mentir, nem alguém para se arrepender. Alguma vez prometeu sem cumprir? Por acaso falou e não executou."
(Números 23:19)

Ou será que a nossa confiança está alicerçada em um motivo meramente egoísta, confiamos Nele por aquilo que Ele pode fazer em relação ao meu problema e, não por aquilo que Ele é. Justo, fiel, amoroso, misericordioso... As pessoas procuravam por Jesus, não por Ele ser quem era, mas sim pelo que poderia fazer por elas. Cristo podia alimentá-las, curá-las, expulsar demônios da vida delas. As motivações delas eram individualistas e Jesus sabia disso.

"Vocês estão me procurando porque comeram os pães e ficaram satisfeitos e não porque entenderam os meus milagres"
(João 6:26)

Portanto, Maravilhosa, qual o motivo que te leva a

Como está a tua fé?

buscar a Deus? Seu intuito revela a natureza da sua fé. Dependendo de qual for a sua resposta, os milagres poderão vir ou não. Sua motivação deve estar em conhecer e se relacionar com Deus diariamente, honrá-lo e servi-lo de todo o coração. Deus anseia por um relacionamento pessoal conosco. Você já parou para pensar nisso? O Deus do universo quer se relacionar comigo e com você, quer estar do seu lado, te dar vitória, quer preencher o vazio que existe dentro de você, quer que você tome posse da paz, do amor, e dos milagres que Ele já te deu.

O MILAGRE

Qual seria sua reação se eu dissesse que você ontem deixou de receber um milagre?

Eu entenderia se você ficasse desconfiada. Afinal, a maioria das pessoas quando se trata de milagres sempre usa a mesma expressão:

- Não acredito. Que fatalidade, pois este "Não acredito" pode impedi-las de receber um grande milagre.

Atualmente as pessoas andam muito desconfiadas, estão muito céticas, a ponto de terem dificuldades de acreditar naquilo que não vêem. Talvez você não se lembre de quantos passos já deu utilizando inconscientemente a sua fé. Por isso não permita que as circunstâncias sejam o referencial para o seu caminhar. Avançar quando está tudo claro e limpo é muito fácil, contudo, o grande desafio é utilizar um dos segredos da sua fé: a visualização. Você deve tomar posse daquilo que ainda não vê, mas que já foi materializado no mundo espiritual e visualizado pela sua mente.

Em se tratando de fé, de acreditar e tomar posse daquilo que Deus já nos deu, a minha irmã Cristiane é um grande exemplo de mulher de fé para mim. Durante nove anos ela orou para que seu marido entregasse sua vida a Cristo, queria que ele estivesse junto com ela na igreja, realizando a obra do Senhor. No decorrer desses anos, ela nunca desistiu desse objetivo, foram anos de luta e de choro. Todas as vezes que ela chegava na igreja, colocava a bolsa no banco ao seu lado, fechava os olhos e via o esposo sentado junto de si. Ela nunca deixou de acreditar que um dia esse milagre iria acontecer, ela tomou posse daquilo que não via e Deus realizou o que aparentemente parecia impossível, meu cunhado entregou a vida a Cristo e hoje é um grande homem de Deus, está ao seu lado na igreja e juntos realizam a obra do Senhor.

Certa vez ela chegou para mim e disse: Vou comprar uma casa maior, pois ela morava em um apartamento pequeno e sempre estava muito cheio, chamávamos de a "Casa da Grande Família". Então, fiz como os discípulos, visualizei apenas a tempestade e perguntei:

- Você tem dinheiro para comprar uma casa? Ela olhou para mim e disse:

- Não, mas Deus vai me dar!

Sem nenhum dinheiro, mas com muita fé, ela começou a procurar uma casa, e novamente Deus realizou um milagre. Concedeu-lhe uma oportunidade e, com isso, conseguiu comprar a tão sonhada casa. A casa era muito grande, com sete quartos em um local centralizado. Deus lhe proporcionou muito mais do que havia imaginado ou pensado.

Deus sempre surpreende aqueles que vivem pela fé e são obedientes a Ele. Deus proporciona sempre muito mais do que pedimos, pensamos ou sonhamos.

Minha irmã simplesmente havia tomado posse daquilo que Deus já tinha dado antes que ela pudesse ver concretizado. Temos que viver assim pela fé, com a certeza

Como está a tua fé?

daquilo que esperamos. Devemos, acreditar e tomar posse, visualizar como se já tivéssemos recebido. Tudo aquilo que esperamos, crendo verdadeiramente, acaba se tornando realidade. O grande problema é que na maioria das vezes aguardamos pelo pior em vez de acreditarmos no melhor.

Ao ler um livro de Joel Osteen, uma história me chamou atenção, ela falava justamente sobre esperar o pior. A história nos relata o seguinte:

Uma certa mulher acreditava com toda a certeza que maus elementos rondavam a sua casa. Pelo menos uma vez por semana, ela acordava o seu marido alegando que tinha um ladrão no andar de baixo. Ficava acordada até que ele descesse para investigar. Essa situação se prolongou por anos. Finalmente, numa noite, ela o chamou outra vez:

- Levante! Levante! Há alguém lá embaixo.

O marido paciente seguiu o roteiro como fizera repetidas vezes. Contudo, dessa vez, deparou-se ao pé da escada com um ladrão de verdade que colocou o cano de uma arma na sua testa.

- Não emita nenhum som, ordenou o ladrão. Apenas me dê os seus pertences.

O homem deu as joias e o dinheiro para o ladrão. Quando ele estava prestes a fugir, o homem exclamou para o ladrão:

- Ei, espere um minuto. Ainda não pode ir embora. Deve subir e conhecer a minha esposa. Ela está a sua espera há trinta anos!

Maravilhosa, não seja como essa mulher que ficou durante anos esperando pelo pior. Espere pelas bênçãos de Deus e pelo seu milagre. Conheço mulheres que iniciam o ano com péssimas previsões, chegam até falar que o novo ano vai ser muito difícil. Elas escutam os noticiários, deixam-se contaminar pelas notícias e saem falando que a próxima vítima será ela. Por mais que tudo ao nosso redor pareça desabar. Ainda assim, a nossa atitude deve ser de fé e prática com pensamentos de vitória e esperança. Nunca permita que sua mente seja depósito de lixo de Satanás com pensamentos perturbadores, dúvida, rebeldia, incredulidade, mentira, pornografia, angústia, depressão ou coisas semelhantes. Mas, faça da sua mente um grande depósito da Palavra de Deus. Fale para você mesma, Maravilhosa:

- Estou esperando o melhor ano de todos! Deus está comigo, Ele é meu escudo e fortaleza, portanto não temerei mal algum! Posso todas as coisas com Jesus! Minha mente é um depósito da Palavra de Deus

A TENDA DA ESPERANÇA

* Ei, Maravilhosa! Resgate a sua esperança, não a deixe morrer! Sim, não permita que ela vá embora, pois cada sonho que reina em seu coração e cada promessa do Senhor para sua vida serão realizadas. Você crê nisso? Seus sonhos, seus projetos e milagres não morreram, simplesmente estão adormecidos aguardando você acordá-los. Eles estão esperando você acreditar que eles podem ser concretizados. Todos estão vivos dentro de você, porque foi o próprio Deus quem os colocou e Ele tem a intenção de realizá-los. Contudo, a única pessoa que pode impedir a realização deles é você mesma, por isso, nunca perca a "Esperança".

A esperança consiste em acreditar que as promessas que Deus tem para sua vida serão realizadas. O rei Davi disse:

- Montei a minha tenda na terra da esperança.

Ele sabia o que significava esperar no Senhor, foi

Como está a tua fé?

escolhido como rei aproximadamente aos 16 anos, mas não assumiu o trono até completar 30 anos. Durante esse tempo, foi perseguido no deserto pelo invejoso rei Saul. Davi teve que esperar em Deus pelo cumprimento da promessa de que iria assumir o reino.

Esperar em Deus não é fácil, muitas vezes achava que Ele não respondia às minhas orações ou que não compreendia a urgência da minha situação. Tive muita dificuldade de entender a necessidade da espera, e confesso que sofri muito. Como já comentei nos capítulos anteriores, Deus tem sempre um propósito em tudo e a espera também faz parte de um propósito, onde somos revigoradas, renovadas e ensinadas.

Deus usou a espera na minha vida porque era preciso me ensinar. Aprendi a "montar a minha tenda na terra da esperança e alicerçar minhas estacas na barraca da paz". Também aprendi que existem várias estações pelas quais minha vida passava, sendo que todas elas tinham algo para me ensinar e um tempo certo para começar e findar.

Assim como a natureza tem suas estações, nós, seres humanos, também atravessamos estações. No livro de M.J.Rayan, *O Poder da Paciência*, ele fala sobre as estações.

"A primavera dá novas possibilidades, quando tudo fica excitante e fresco; o verão proporciona, quando estamos cheios de energia e criatividade; o outono desencantamento, quando começamos a perder o interesse; e o inverno do descontentamento, quando nos sentimos vazios, com medo de ter perdido o entusiasmo pela vida".

Essas estações nada mais são do que os ciclos da nossa vida, esses ciclos representam o processo de crescimento e maturidade de todo ser humano. A forma como nos harmonizamos com essas estações através da esperança, da persistência e da fé, nos levam a crescer e atingir altos patamares.

Aprendi muito com esses ensinamentos, eles fizeram uma grande diferença em minha vida, pude então começar a contemplar muitas das vitórias e promessas que o Senhor havia colocado no meu coração.

"Espera no Senhor, anima-te, e Ele fortalecerá o teu coração; espera, pois, no Senhor."
(Salmo 27:14)

Vale a pena esperar em Deus, viver pela fé e montar a tenda na terra da esperança. Não pare de acreditar, não deixe de esperar, acredite, você vai conseguir. Diga para você mesma:
- Eu vou conseguir!
- Eu vou subir a um novo nível!
- Eu vou ver meus sonhos concretizados! - Eu vou vencer esses hábitos ruins!

* Ei, Maravilhosa! Se acreditar verdadeiramente no que diz, você contemplará Deus realizando cada sonho que Ele colocou no seu coração e viverá dias magníficos em cada estação!

Ei, Maravilhosa!

Capítulo 6

Nunca desista, persista!

> "Não nos cansemos de fazer o bem. Pois, se não desanimarmos, chegará o tempo certo em que faremos a colheita"
>
> Gálatas 6:9

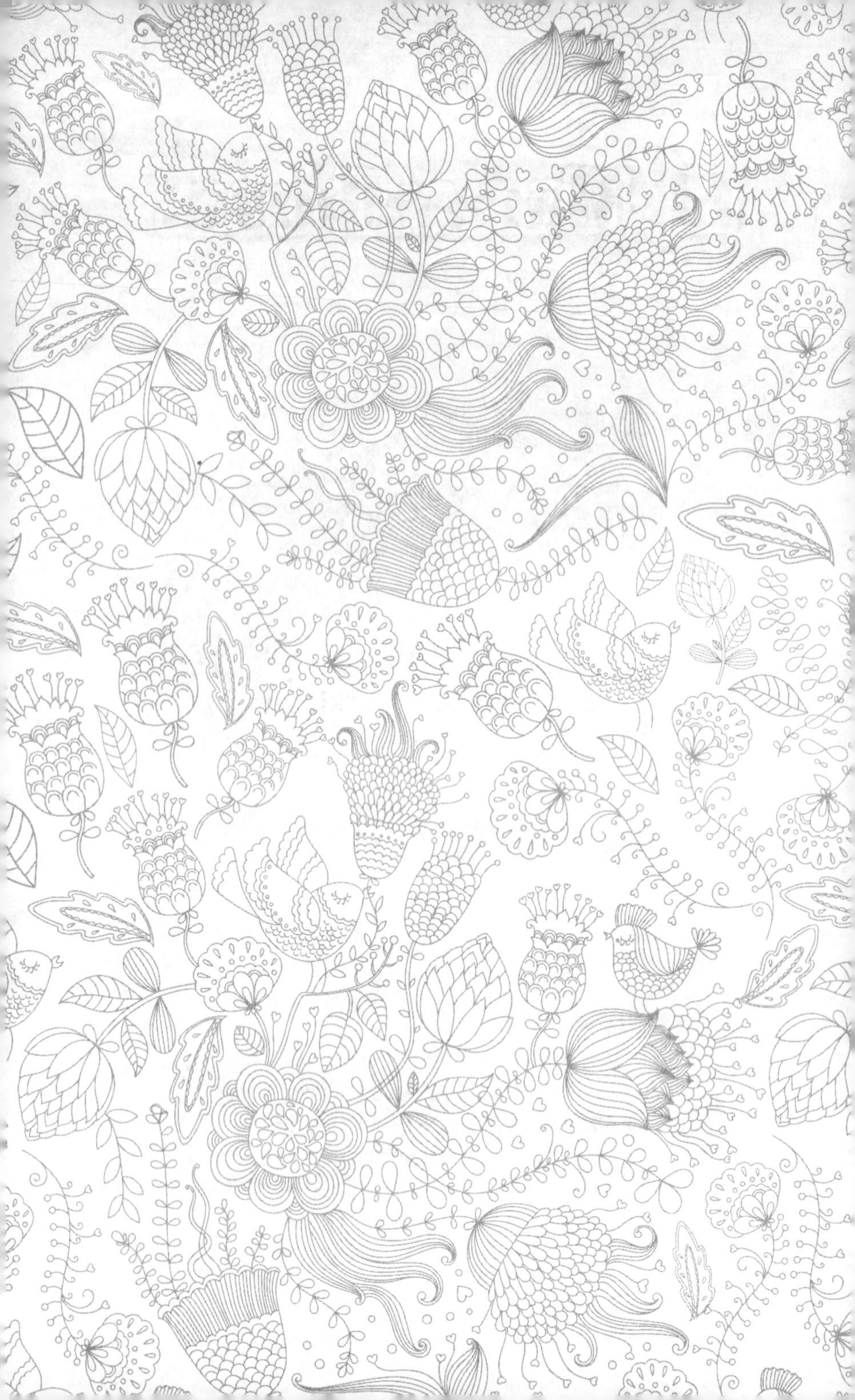

Nunca desista, persista!

Acredito que muitas de nós têm grandes dificuldades quando o assunto é persistência. Após duas ou três tentativas de fazermos alguma coisa e nos vermos frustradas, falamos em alto e bom tom "Chega! Desisto!". Contudo, será que desistir vai solucionar o problema? É possível que existam algumas coisas que procuramos fazer que realmente nunca darão certo. Aí, sim, o correto é parar, analisar a situação e muitas vezes mudar a maneira de fazê-las. Assim também, como em muitas ocasiões para realizarmos um projeto ou um sonho dependemos de doses e doses de persistência.

Thomas A. Edison citou algo muito profundo em relação à persistência que me impactou muito.

"De fato, não fracassei ao tentar cerca de 10.000 vezes desenvolvendo um acumulador, simplesmente encontrei 10.000 maneiras que não funcionam".

Persistência é a capacidade de insistir e manter o esforço por todo o tempo necessário até a vitória. Persistir é insistir naquilo que vale a pena.

Persistir sempre foi uma grande barreira para mim, pois desistia muito facilmente das coisas, iniciava vários projetos e não conseguia terminá-los, ao primeiro sinal de obstáculo ou uma derrota, desistia. Quantas vezes olhei para meus sonhos e não acreditei, sonhos esses que foram colocados pelo próprio Deus dentro de mim. Não conseguia enxergar a capacidade que Deus tinha me dado para realizar cada um dos meus sonhos, ficava remoendo pensamentos de derrota e isso me levava a achar que era incapaz e fracassada. Como eu sofria, não sabia lidar com essa situação, não entendia porque com tanta facilidade, esse estado durou anos na minha vida.

Certo dia, lendo alguns livros, comecei a compreender que existem derrotas temporárias em nossas vidas e elas são uma das causas mais comuns dos nossos fracassos. É

Nunca desista, persista!

imprescindível saber que atrás de algumas derrotas temporárias estão escondidas muitas vitórias. Inúmeras mulheres de sucesso relataram que suas vitórias foram alcançadas após várias derrotas temporárias. Essas mulheres analisaram seus fracassos e viram onde erraram, aprenderam com eles e converteram-nos em degraus que as levaram para altos patamares, e muitas foram Além do Pódio.

Uma história que me chamou atenção muito foi a de Helen Keller, ela ficou cega e surda quando criança devido a uma doença chamada na época de febre cerebral. Ela não deixou que a deficiência auditiva e visual a paralisassem. Tornou-se uma célebre escritora, filósofa e conferencista internacional, desenvolveu trabalhos para portadores de deficiências e atuou como membro honorário da sociedade científica e organização filantrópica dos cinco continentes. Seus escritos e pensamentos traziam coragem e força para todos que liam.

"Quando uma porta de felicidade se fecha, outra se abre; mas muitas vezes nós só olhamos tão somente para a porta fechada, e isto nos leva a não enxergar a outra porta que se abriu", relata Helen Keller.

Essa mulher ensinou muitas pessoas com seu exemplo de vida, ela dizia:

"Só somos derrotadas até que aceitemos a derrota como realidade."

Ela sempre sonhou e nunca deixou de esperar e acreditar que seus sonhos iriam se realizar, ela viu soluções onde grande parte de nós só vê problemas, por isso conseguiu ir Além do Pódio.

Iniciei uma nova trajetória em minha vida, comecei a fazer o mesmo que essas mulheres de sucesso fizeram, passei a analisar minhas derrotas e aprender com elas, comecei a ver que não existem problemas e sim desafios.

Nunca desista, persista!

Deletei as palavras **"Desistir e Impossível"** da minha mente e escrevi dentro do meu coração os vocábulos **"Persistir e Esperar"**, entendi que muitas vezes o que não se aplica hoje pode ser aplicado amanhã e que nunca serei derrotada a menos que desista. Então, entendi que o melhor é encarar os problemas, pois eles ainda são bons professores. E quando eles surgem na minha vida, identifico-os, analiso e os venço-os!

A PRESSA É INIMIGA DA PERFEIÇÃO

Esperar e persistir parecem ser palavras impossíveis para os dias de hoje, não é mesmo? Então, Maravilhosa, pare um pouco agora e olhe à sua volta. Observe o que as pessoas estão fazendo e como estão fazendo. Faça uma autoanálise: como você tem vivido e o que tem feito? Não tenha pressa para terminar essa análise. Acredito que você vai se surpreender com ela. Abordarei mais detalhadamente no capítulo nove sobre a importância da análise.

O mundo inteiro está apressado, ninguém tem paciência para esperar ou ajudar alguém, todos têm pressa. Querem chegar a algum lugar, porém poucos sabem onde querem chegar. Correm de um lado para outro sem encontrar uma razão para essa correria, e muitos na sua ignorância citam um velho ditado: "Tempo é dinheiro". Contudo, existe também outro ditado que diz: "A pressa é inimiga da perfeição", e parece que Deus aprecia o segundo ditado.

Vemos no decorrer da história muitos homens e mulheres de Deus esperando anos e até décadas, pela concretização dos seus sonhos, projetos ou milagres. Todos os sonhos e milagres passam pelo teste do tempo. Nós passamos pelo teste do tempo para sermos aperfeiçoados,

Nunca desista, persista!

pois bênção fora da hora pode não ser bênção e sim maldição.

Assim sendo, não desista se sua oração não for atendida de imediato, se seu negócio não decolar instantaneamente, se seu marido ainda não mudou, ou ainda se seu filho continua dando trabalho, mesmo que o caminho pareça longo e que diante de você esteja um grande deserto no qual precisa atravessar. Mesmo assim, Maravilhosa! "Nunca Desista, Persista!"
Continue a sua caminhada, confie em Deus, ajude as pessoas e coloque sua fé em ação. Pois no tempo certo colherá sua vitória. Deus nos fez esta promessa.

"Não nos cansemos de fazer o bem. Pois, se não desanimarmos, chegará o tempo certo em que faremos a colheita."

(Gálatas 6.9)

Para Meditar

UM METRO A MAIS

Esta é uma história verdadeira de um vendedor que morava na região do Colorado (EUA). Deby era o seu nome. Era casado e não tinha filhos. Insatisfeito com sua rotina de vendedor, vendeu tudo o que tinha e comprou uma área bem razoável de terra. Lá, Deby e sua esposa construíram uma casa, cavaram um poço e começaram a trabalhar na terra. Num belo dia, ele bateu com a enxada numas pedras estranhas e depressa lavou as pedras, colocou-as numa mochila e foi até a cidade vizinha, onde procurou um ourives. O ourives analisou cada uma das pedras e, finalmente, curioso, perguntou à Deby:
- Onde o senhor conseguiu estas pedras? Deby

Nunca desista, persista!

respondeu:
   - Estavam no fundo de um baú lá em casa e eram parte de uma herança, por isso gostaria de saber se elas têm valor.
Então, o ourives respondeu:
   - Sim, elas têm valor e valem um bom dinheiro... isto é ouro!
   Deby ficou muito feliz e, ao chegar em casa contou para sua esposa a grande notícia. Depois pegou a enxada e foi cavar.
   Cavou e achou mais. Cavou novamente... E noutro lugar, achou de novo. Então sua esposa lhe disse:
   - Vamos comprar máquinas, conseguir licença para a mineração e contratar pessoas para nos ajudar, aí nós vamos ficar ricos! Assim o fizeram. Em menos de três meses estavam de vento em popa garimpando ouro e mais ouro.
   Contudo, em pouco tempo, o ouro começou a ficar escasso e, naturalmente o sonho milionário foi se desmoronando. As cobranças a Deby e a sua esposa eram constantes. Devido às críticas e cobranças, Deby resolveu vender tudo e retornar para sua vidinha de vendedor. Por volta de um mês depois, Deby estava andando por uma calçada, segurando a sua pastinha de vendedor e, de repente se deparou com a seguinte manchete no jornal "Descoberto o maior filão de ouro do planeta!".
   Como ele havia trabalhado com ouro até pouco tempo, nada mais natural a sua curiosidade. Aproximou-se e viu uma foto que lhe fez acelerar o coração, reconheceu uma das suas máquinas e o novo proprietário das terras. Embaixo da foto, uma legenda:
   Se os antigos donos tivessem sido mais persistentes, não tivessem desistido e cavado um metro a mais, a partir de onde a máquina ficou parada, teriam visto o que nós encontramos.
   Naquele momento Deby que tinha duas opções a

Nunca desista, persista!

seguir: dar um tiro na cabeça ou então se levantar, sacudir a poeira e dar a volta por cima. Foi então que exclamou:
- A partir de hoje, em qualquer situação da minha vida, jamais deixarei de cavar um metro a mais!
De fato, a partir daquele dia ele não foi mais vendedor, passou a fazer palestras incentivando pessoas a não desistirem dos seus propósitos.

Portanto, Maravilhosa! Não pare de lutar, de cavar e de acreditar, cave sempre um metro a mais. Não é necessário ser reconhecida, ter uma conta bancária gorda ou ser bonita, mas é necessário ter uma atitude correta de esperar e persistir frente aos momentos de crise. Afaste os pensamentos negativos. Diga sempre para você mesma, Maravilhosa:
- Eu vou conseguir!
- Tudo vai dar certo!
- Eu vou obter o meu milagre!
- Esta crise vai passar!
- Eu vou subir Além do Pódio!
- Vou vencer esta doença!
- Cada dia que passa estou mais perto da minha vitória!
Comece a fazer estas declarações. Você recebe o que declara. Há poder em suas palavras!
É tempo de acreditar, é tempo de persistir. Por isso eu lhe peço: Não deixe ninguém matar os seus sonhos. Deus ajudou você a vencer tudo no passado e a ajudará a ser vitoriosa no futuro, o fato de você não desistir já a torna uma vencedora. Esteja sempre perto de pessoas que buscam a Deus, pois elas sempre terão palavras de ânimo e esperança para você.

Ei, Maravilhosa!

Capítulo 7

Precisa de uma amiga?

> "Em todo tempo ama um amigo, e na angústia se faz o irmão."
>
> Provérbio 17:17

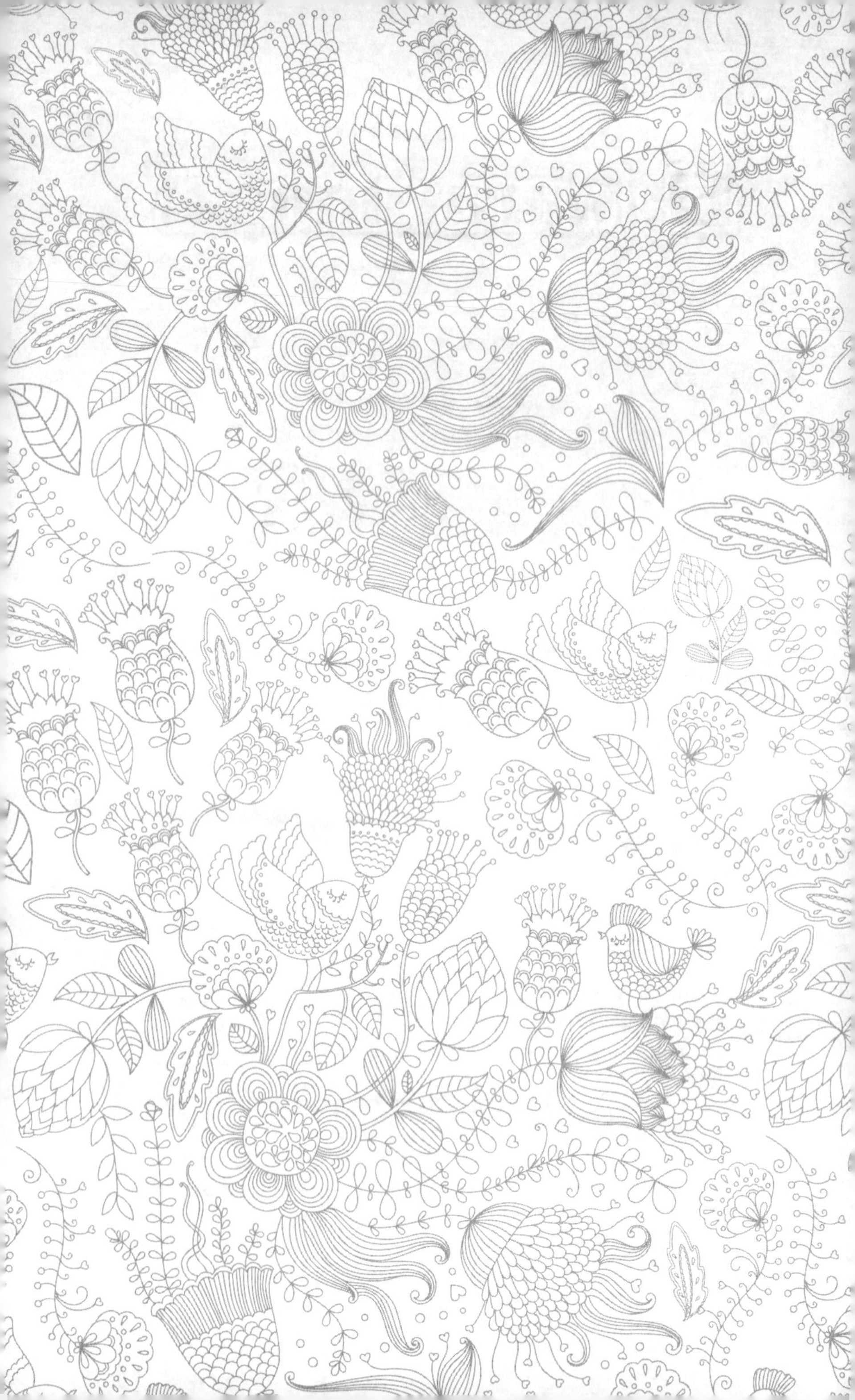

Precisa de uma amiga?

Não é fácil encontrar uma amiga, não é mesmo? Já ouvi muitas vezes as expressões: "Amiga da onça", "Com esta amiga não precisa de inimigo". Infelizmente existem muitos amigos e amigas que estão perto de nós somente por interesse, temos algo que lhes chama a atenção e, se por algum motivo deixamos de ser interessantes, eles nos deixam no mesmo instante ou até mesmo nos colocam em situações difíceis.

A grande verdade é que as verdadeiras amigas estão em extinção. Mas, não se preocupe, elas existem! Mesmo havendo vários obstáculos que muitas vezes podem aparecer em um relacionamento, é necessário acreditar que ainda há amizades verdadeiras e necessitamos dessas amizades.

Deus nos criou para vivermos em unidade, em que uma ajuda a outra, ofertando o seu ombro amigo nos momentos de alegria e tristeza. Não fazemos nada sozinhas, estamos na era dos relacionamentos e, para vivermos melhor, necessitamos conviver bem com as pessoas.

Relacionamento é a forma com que cada um convive com o outro. Temos um bom relacionamento quando nos doamos aos outros, e isso requer tempo, dedicação e persistência.

Para termos um relacionamento duradouro, a primeira coisa que precisamos fazer é procurar conhecer a outra pessoa, como ela pensa, sente, age e reage.

Como já foi comentado nos capítulos anteriores somos únicas, exclusivas e por isso cada pessoa é diferente da outra. Não existe ninguém igual a você, não existe ninguém que pense ou aja como você, pode até ter pessoas parecidas, mas ninguém é igual a você. Portanto, se quisermos nos relacionar e ter amigas, temos que aprender a entendê-las.

Determinadas vezes ficamos frustradas com as

Precisa de uma amiga?

pessoas porque elas não pensam como nós ou não creem naquilo que acreditamos, o que acaba nos levando a um desgaste desnecessário, pois cada um se comunica de forma peculiar e possui carências diferentes. Falhas, defeitos, manias, todas temos, basta ser humano. Contudo, devemos procurar focalizar o que o outro tem de bom e não nas suas falhas.

Talvez você esteja pensando neste instante: "Eu sei que as pessoas são diferentes, têm falhas e que não posso desejar que elas façam sempre a minha vontade, porém tenho dificuldade de me relacionar, quando me dou conta, já estou mandando ou impondo as minhas ideias". Se isso passou pela sua mente não se assuste, é comum do ser humano querer que seus desejos sejam atendidos.

Durante muito tempo pensei e agi dessa forma. Não aceitava ideias diferentes da minha, não procurava entender as minhas amigas ou familiares, só pensava em mim mesma e nas minhas necessidades não satisfeitas e o pior de tudo, me considerava uma injustiçada, pois achava que ninguém me entendia. Que vergonha! Tais ações roubaram a minha paz e minhas amizades. Sofri muito. Meu marido sempre me falava que eu não tinha amigas e isso me machucava muito, pois era uma grande verdade. Não conquistava amizades porque não era amiga de ninguém.

Com a ajuda do doce Espírito Santo comecei a ser moldada na área de relacionamentos. Internalizei o que significava uma amizade e descobri que construir uma verdadeira amizade é um dos ingredientes mais importantes na receita da vida.

Certa vez estava conversando com meu marido sobre um de seus amigos. Por ser uma pessoa que não honrava com seus compromissos, todos os seus companheiros estavam abandonando-o e falando mal dele. Apesar de tudo, o meu marido me afirmou que não desistiria dele e que iria

Precisa de uma amiga?

fazer de tudo para ajudar esse amigo, mesmo sabendo que ele poderia decepcioná-lo novamente. Disse ainda que quando estiver diante do Senhor e mostrar as suas mãos para Deus e Ele lhe perguntar:
- Você fez diferença na vida de algum amigo seu? Ele vai dizer:
- Sim, Senhor eu fiz! Todos os amigos que me deste procurei agir como Jesus agiria.

Aquela conversa me marcou, vi o quanto ainda era egoísta e julgadora, percebi também que necessitava mudar, já que tinha dito para meu marido se afastar desse amigo problemático. Senti-me pequena e indigna do grande amor de Deus. Um Deus misericordioso, de imenso amor, que me resgatou do pecado e me perdoou. Na minha ignorância, estava criticando e julgando uma pessoa, ao invés de amá-lo e chorar com ele. Ali eu vi que sabia muito pouco sobre amizade. Como podia esperar receber dos outros um tratamento justo, se agia de modo injusto para com aquele rapaz. Odiamos aqueles que nos julgam, mas muitas vezes será que não somos rápidas em julgar os outros? Naquele momento vi Deus me esmagar, mudar conceitos e valores em relação à amizade, e a única coisa que consegui fazer foi pedir perdão para Deus.

A atitude do meu esposo mostrou o seu caráter e o valor que ele dava para uma amizade. Mostrou que ele fazia a diferença na vida de seus amigos e que seus amigos são verdadeiros presentes de Deus para ele e que independente da circunstância, ele continuaria amando o seu amigo.

> **"Em todo tempo ama o amigo e, na angústia se faz o irmão."**
> (Prov.17:17)

Entendi que para fazer uma amizade é necessário abnegação, ou seja, dar sem receber nada em troca, amar

Precisa de uma amiga?

sem ser amada, servir sem ser servida, ser gentil mesmo quando a outra pessoa nos trata com rispidez e aceitá-la como ela é. Aprendi que uma das formas de vivermos melhor é fazer a vida dos outros melhor. Deus nos abençoa para podermos abençoar a vida de outras pessoas.

Você já parou para pensar sobre uma verdadeira amizade? A palavra "amiga" é usada de maneira ampla pela maioria de nós, mas será que você é uma verdadeira amiga? Como você tem se relacionado?

Os verdadeiros amigos fazem diferença na nossa vida, os verdadeiros amigos deixam marcas em nossos corações.

* Ei, Maravilhosa! A decisão é sua! Você precisa de uma amiga? Então valorize as amizades que Deus tem dado para você, ame sem ser amada, sirva sem ser servida e aceite a outra pessoa do jeito que ela é, porque a mudança dela virá quando você mudar. "O mundo muda quando você muda".

Nunca se esqueça de uma coisa, se você estiver só, nunca conseguirá nada, pois é através dos relacionamentos que construímos um mundo melhor, crescemos e atingimos altos patamares que nos levarão Além do Pódio. A cooperação e o esforço em um espírito de harmonia entre duas ou mais pessoas levam à conquista de muitas vitórias.

As pesquisas apontam a amizade como fator determinante para a longevidade, quanto mais amigos verdadeiros fazemos, temos mais chances de uma vida próspera, longa e feliz!

Confúcio dizia, há muito tempo, algo muito sábio:
- Se você quiser um ano de prosperidade, cultive grãos.
- Se você quiser dez anos de prosperidade, cultive árvores.
- Se você quiser cem anos de prosperidade, cultive pessoas.

Precisa de uma amiga?

Para Meditar:
SOBRE OS OMBROS DE OUTROS

Um jornalista perguntou para Albert Einstein:
- Como você conseguiu enxergar além dos outros? Albert, com muita calma, respondeu:
- Se consegui enxergar mais do que as outras pessoas é porque estava sobre os ombros de outros.

SENDO AMIGA DE DEUS

Deus quer, Maravilhosa, ter você como amiga. Isso não é fantástico? O Deus todo-poderoso anseia ser seu amigo pessoal! Você já parou para pensar nisso?

Pois bem, esta é uma grande verdade, nascemos para adorar e nos relacionar com Deus. Quando Deus criou o homem tinha total comunhão com ele, mas após a queda do homem essa comunhão foi quebrada. Poucas pessoas no Antigo Testamento tiveram o privilégio de ter uma comunhão com Deus. Então, o verbo se fez carne e habitou entre nós. O verbo é Jesus que veio para restaurar a comunhão quebrada entre Deus e o homem, dando-nos salvação e vida eterna.

* Ei, Maravilhosa! Ter o privilégio de ser amiga pessoal de Deus só foi alcançado pela "Graça de Deus e do Sacrifício de Jesus". Deixamos de ser inimigas e passamos a ser amigas de Deus.

Conhecer e se relacionar com Deus deve ser o seu objetivo diário de vida. Este deve ser o seu maior orgulho.

> "Se alguém quiser se orgulhar; que se orgulhe de me conhecer e de me entender..."
> (Jeremias 9:24)

Precisa de uma amiga?

Para cultivar um relacionamento com Deus é preciso estabelecer hábitos diários de leitura da Bíblia e meditar nela, memorizar versículos e colocá-los em prática na sua vida. Esteja sempre aberta ao diálogo, pois poderá conversar todo o tempo com Deus, seja onde estiver. Essa conversa pode ser estabelecida ao lavar a louça, ao andar de carro, na fila do banco, no seu trabalho, fazendo compras, enfim você pode manter um diálogo constante durante o dia com Ele.

Desenvolva esse hábito de estar de conversar constantemente com Deus. Inicie ainda hoje esse diálogo com Ele. Não perca tempo, compartilhe já todos os seus sentimentos, dificuldades, erros, acertos e decisões com aquele que quer ser seu melhor amigo. Abraão era conhecido como "amigo de Deus." Ele era um servo obediente, tinha prazer em servir ao seu Deus e a sua maior alegria era estar na presença desse amigo poderoso e compartilhar toda a sua vida com Ele.

Ter uma amiga é muito bom. Ser uma amiga é melhor ainda! Portanto, seja uma amiga de Deus!

Ei, Maravilhosa!

Capítulo 8

Você tem falado muito?

> "Sabeis estas coisas, meus amados irmãos. Todo homem, pois, seja pronto para ouvir, tardio para falar, tardio para se irar."
>
> Tiago 1:19

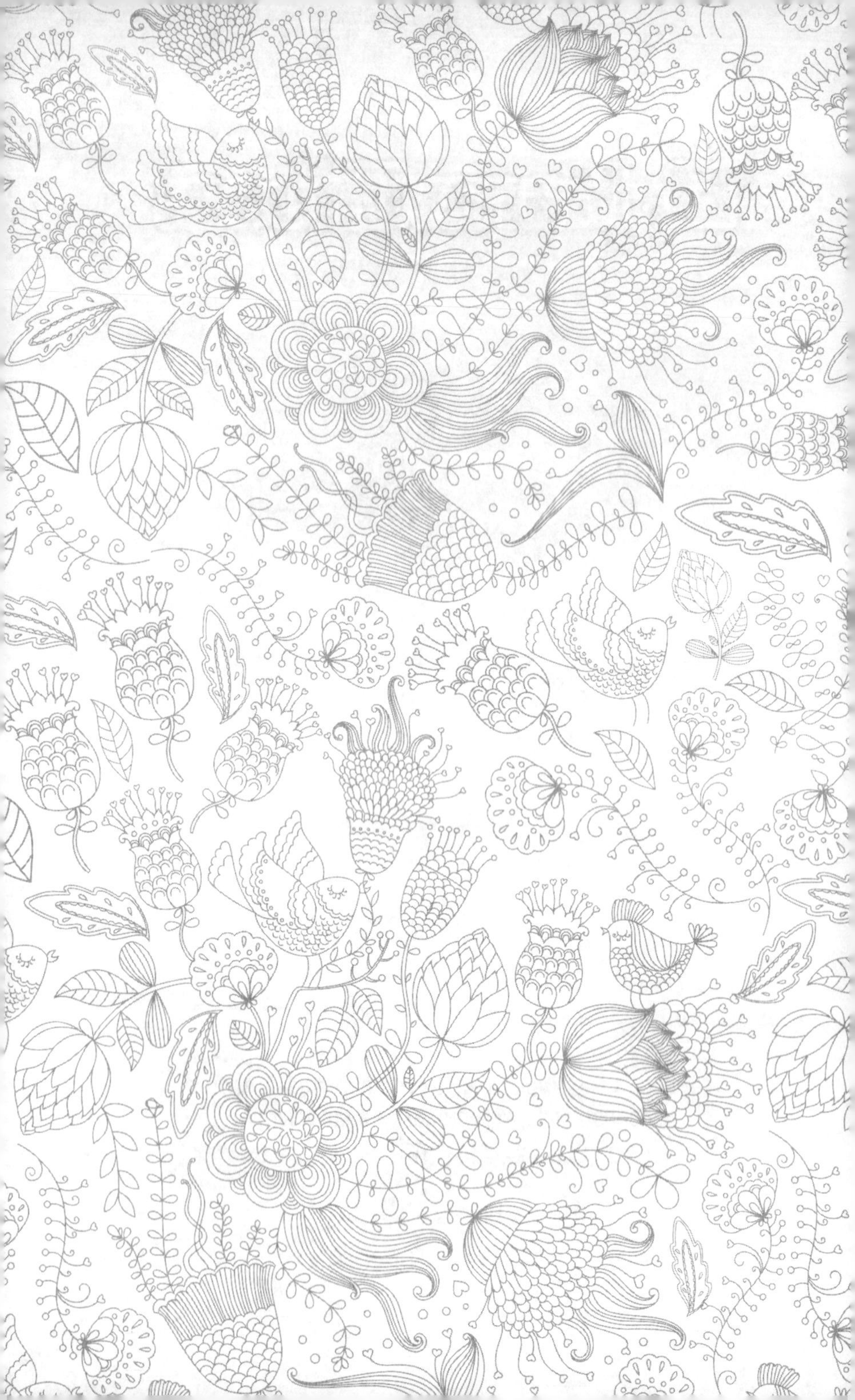

Você tem falado muito?

Verdade seja dita, falar é muito bom, você não acha? A fala é uma habilidade poderosa que Deus nos deu. Um bebê ao nascer não consegue falar, entretanto, com o passar dos meses, começa a soletrar algumas palavras e, posteriormente, imita os vocábulos que ouve de seus pais, com dois anos já se torna uma matraquinha, fala de tudo sem parar. É aí que começa o problema!

Não somos ensinadas a ter controle sobre a nossa fala, aprendemos a falar, gostamos e não paramos mais. Haja ouvido para escutar tanta falação!

Existem mulheres muito diferentes umas das outras, umas não gostam de falar, são reservadas e muitas vezes até tímidas; outras mulheres só falam no momento certo e com sabedoria, e outras, que considero uma grande maioria, falam demais. O rei Salomão chegou a comparar a mulher que fala demais como uma goteira.

"O gotejar contínuo no dia de grande chuva é a mulher rixosa, um e outro são semelhantes."
(Provérbio 27:15)

Sabemos como é terrível o barulho de uma goteira pingando por horas, no início até conseguimos suportar, todavia, com o passar do tempo, fica insuportável. Assim é a mulher que fala sem parar. Que coisa terrível para quem tem que escutar!

Desde a minha infância até o início da adolescência, encontrei muitas dificuldades para falar, posso dizer que me considerava um pouco tímida, mas depois que completei 18 anos o bloqueio da timidez passou e então comecei a falar muito. O problema não é falar, mas o que falar. Eu falava muitas coisas sem sabedoria e sem pensar, que muitas vezes magoavam outras pessoas mesmo não tendo a intenção de

Você tem falado muito?

ofendê-las. Novamente o sábio rei Salomão nos alerta sobre isso no livro de Provérbios.

"Na multidão de palavras não falta transgressão, mas o que modera os seus lábios é prudente."
(Provérbio 10:19)

Infelizmente não conhecia esse versículo, não sabia que quanto mais se fala mais propensa estamos a pecar. Eu falava muito, reclamava, julgava e só via o lado ruim das coisas, que fatalidade, passei anos assim, nesse engano.

Veja bem, Maravilhosa, não é que você tem que ficar calada, mas ser pronta para ouvir, tardia em irar-se, tardia para falar, sabendo o que falar e na hora certa. O apóstolo Tiago fala sobre isto em sua epístola.

"Sabeis estas coisas, meus amados irmãos. Todo homem, pois, seja pronto para ouvir, tardio para falar, tardio para se irar."
Tiago 1:19

Certo casal promovia brigas diariamente. As agressões eram verbais e até físicas. Era só o esposo chegar em casa que as brigas começavam. A esposa sem saber o que fazer foi pedir ajuda a uma amiga, que lhe aconselhou o uso de uma "água milagrosa" a amiga disse:

- Quando seu marido chegar você vai colocar um pouco de água na boca e vai ficar com esta água na boca sem engolir e deixar seu esposo falar até ele ficar quieto.

Naquela noite, quando ela percebeu que seu esposo havia chegado, seguiu a orientação da amiga e colocou água na boca. Como sempre o marido começou a brigar e falou e falou até se cansar e ir dormir.

Nos dias seguintes ela fez o mesmo, até que o marido desistiu de brigar sozinho e passou a chegar em casa mais calmo sem falar muito. As brigas cessaram porque o marido

Você tem falado muito?

não tinha mais condições de discutir com a esposa, sempre calada porque estava com a boca cheia de água.

Falar demais me custaram sérios problemas com meu esposo, ele passou a não dar mais ouvidos para as coisas que eu dizia, mesmo quando eu tinha razão, e o pior, passou a não falar mais nada para mim sobre as coisas que aconteciam com ele. Então tive que conquistar o crédito da sua confiança que levou algum tempo. Chorei muito pedindo a Deus que me ajudasse a controlar minha grande língua, sabia que falava demais, o que infelizmente estava causando muitos problemas em minha vida.

A grande verdade é que a maioria das mulheres abre a boca só para reclamar, acabam sendo chatas, briguentas e implicantes. Falam da bagunça da casa, de não ter guardado o leite na geladeira, de ter esquecido de desligar a televisão, de ter roupa jogada, de não ter lavado a louça. E ainda no final querem falar sobre o relacionamento a dois... Lá vem a goteira... ping, ping, ping.

* Ei, Maravilhosa! Por acaso você é assim? Espero que não. Pois não é esse tipo de mulher que Deus quer que você seja, lembre-se disso! Deus nos deu o presente da fala para ser usado para abençoar vidas, levar palavras de incentivo que motivem outras pessoas e para profetizar. Sim, profetizar para trazer à existência aquilo que não existe. Há poder em sua boca, aquilo que você fala acaba se materializando, sendo bom ou ruim. Portanto, tome muito cuidado com o que você fala. Daremos conta de toda palavra inútil que tivermos falado. (Mateus 12:36)

Quantos casamentos ou relacionamentos são destruídos pelo falar demais e de forma errada! Cuide do seu falar!

"Não aguento mais você!". "Você só me traz desgosto!". "Você é um problema!". "Você não presta". "Você é um burro, um idiota!". Estas e muitas outras frases

Você tem falado muito?

têm sido rotineiras na boca de muitas mulheres, e o pior de tudo é que o que é expressado verbalmente torna-se real.

Então, mude esse quadro, se tiver que falar, só fale coisas boas: "Você faz toda diferença na minha vida!". "Te amo, sabia disso?". "Hoje é um grande dia, porque você está vivo e com saúde!". "Continue tentando, há uma boa chance de dar certo!". "Você é muito inteligente!". "Cada dia que passa te admiro mais!".

UMA BOCA DOIS OUVIDOS

Deus em sua infinita sabedoria, nos fez possuidoras de uma só boca e de dois ouvidos, almejando que colocássemos em prática a nossa capacidade de ouvir duas vezes mais do que falar.

Na maioria das vezes, quando estamos nervosas, falamos coisas terríveis para outras pessoas e não damos conta das mazelas que geramos ao falarmos destemperadamente. Quando a calma sobrevém, muitas vezes nos arrependemos e pedimos desculpas pelos nossos atos inconsequentes. Contudo esse arrependimento não é suficiente para curar as feridas causadas ao outro. O falar sem pensar provoca marcas profundas.

Quantas vezes quando estava irada acabava falando palavras terríveis para minha própria filha a quem eu amo muito. Em menos de cinco minutos já estava arrependida de tudo que havia falado ou feito e então pedia perdão para ela, mas, infelizmente, já tinha deixado uma grande ferida exposta que estava sangrando e mesmo depois do perdão restariam as marcas, pois o corte que as minhas palavras causaram foi profundo. O descontrole do meu falar gerou uma grande barreira em relação à comunicação que minha

Você tem falado muito?

filha tinha para comigo. Felizmente conseguimos depois de anos quebrar essa barreira, graças à presença de Deus em nossas vidas e de uma lenta mas profunda mudança de atitude em relação ao meu falar e ouvir.

Charles Chaplin citou uma frase muito profunda sobre a armadilha do falar demais:

"Cuidado com as palavras pronunciadas em discussões e brigas que revelam sentimentos e pensamentos que na realidade você não sente e não pensa. Pois, minutos depois quando a raiva sumir, você não se lembrará mais. Porém, aquele a quem tais palavras foram dirigidas, raramente as esquecerá".

Sabe, Maravilhosa, fico pensando como seria benéfico se as pessoas dedicassem mais do seu precioso tempo em ouvir o outro e saber o que se passa com o seu semelhante. Tenho certeza que o simples fato de ouvir mais uns aos outros e falar menos traria de volta um sentimento que tem se encontrado em escassez: o amor.

Ouvir não é algo tão simples, pois envolve dedicação e tempo, sendo que o tempo é uma das coisas que as pessoas vivem se queixando que não têm. Ouvir é diferente de escutar. Escutar faz parte do nosso sentido auditivo e só não escuta quem é surdo. Agora, ouvir é sublime, é renunciar, é uma das mais lindas formas de amor ao semelhante.

Maravilhosa, você tem ouvido ou escutado? Gostaria de compartilhar com você algumas atitudes recorrentes de pessoas que não sabem ouvir:

- Respondem antes que os interlocutores tenham concluído seu pensamento.
- Ficam impacientes diante das pessoas e tentam sempre explicar algo.
- Olham constantemente para o relógio, interrompendo o diálogo com o outro.

Você tem falado muito?

- Usam expressões faciais de cansaço, desagrado ou indiferença.
- Mudam rápido de assunto.
- Desviam o olhar do rosto da outra pessoa.
- Fazem com que o outro se cale, pois começam a falar sem parar.

Sabe, Maravilhosa, que existem momentos em nossa vida que ficar em silêncio fala muito mais alto que milhares de palavras. A mulher que sabe utilizar com modéstia os benefícios do silêncio trilha o caminho da sabedoria.

O saber genuíno se manifesta pela modéstia do silêncio.

Napoleon Hill

Meu desejo é que no término deste capítulo você decida assumir um compromisso de falar menos e ouvir mais. Não se preocupe caso você considere esse ato um pouco complicado, você não está só nesta jornada, Deus está ao seu lado e com certeza lhe concederá a vitória. Maravilhosa, se almeja chegar Além do Pódio, assumir esse compromisso seria de grande valia.

Ei, Maravilhosa!

Capítulo 9

Fechou para balanço?

> "Examinem-se para descobrir se vocês estão firmes na fé..."
>
> II Coríntios 13:5

Fechou para balanço?

No início do ano é muito comum acharmos lojas com faixas dizendo: "Fechamos para balanço". Afinal, é através do balanço que se faz uma análise geral de tudo que aconteceu durante o ano nos estabelecimentos comerciais. Os lucros, os prejuízos, os erros e os acertos são analisados e, com esses dados nas mãos, os comerciantes adotam um novo planejamento anual para melhorar suas atividades visando maior lucro e satisfação dos seus clientes.

Nossa vida também não é diferente, temos que parar e fazer um balanço para ver como estão os lucros, os prejuízos, os erros e os acertos. Temos que fazer um planejamento anual no início do ano com metas, alvos e objetivos para que possamos realizar os propósitos e sonhos que Deus colocou em nossos corações.

Infelizmente a maioria das mulheres não tem o hábito de refletir sobre a sua vida e o que estão fazendo dela. Não devemos deixar que os afazeres do dia a dia roubem o nosso tempo e as nossas forças a ponto de nunca tirarmos um tempo para essa reflexão que é de suma importância para nossa vida. Todas nós devemos fazer um balanço, ele nos conduz a enxergar certas coisas que poderíamos ter feito melhor, ideias que não foram colocadas em prática, derrotas temporárias, vitórias alcançadas, alvos que não foram atingidos, enfim, conseguimos ver através dessa análise o porquê de nossos atos, motivações, comportamentos e atitudes. A Bíblia nos orienta:

"Examinem-se para descobrir se vocês estão firmes na fé..."
(II Coríntios 13:5)

Cerca de 90% do nosso sucesso está relacionado à nossa atitude mental positiva e a balanços que fazemos a respeito de nós mesmas. As pessoas que alcançam seus

Fechou para balanço?

objetivos geralmente são aquelas que têm pensamentos positivos, acreditam no seu valor, crêem no seu sucesso e sabem que estão em um processo de mudança, e por isso procuram sempre analisar seus erros e acertos. Tomar consciência de suas atitudes, avaliá-las e mudar suas atitudes mentais negativas levarão você a obter sucesso em tudo que almejar.

Caminhei no deserto em círculos durante um bom tempo pelo fato de nunca ter parado e analisado as minhas atitudes, comportamentos, vitórias e meus fracassos. Analisar e entender meus atos, motivações e comportamentos foram de vital importância para o meu crescimento em todas as áreas da minha vida.

E você, Maravilhosa, quando foi a última vez que parou para fazer uma análise da sua vida?

Um dia conversando com meu esposo, lhe disse do meu desejo de escrever um livro e perguntei o que achava, então ele me respondeu:

- Adriana, acho muito legal! Se você deseja escrever um livro fale da sua experiência de vida, do que você aprendeu e também do que Deus fez por você.

Aquela resposta abriu minha mente. Comecei a fazer uma análise da minha vida, das coisas erradas que fazia, do que Deus havia me ensinado no decorrer dos anos.

Pude então visualizar muitas vitórias, vi também muitas derrotas, vi as pessoas que magoei pelas minhas atitudes e observei também o grande diamante que eu era cheio de recursos e dons. Este diamante estava passando por uma profunda lapidação e já estava começando a querer brilhar. O processo final de lapidação muitas vezes pode demorar a vida toda, faz parte da vida do ser humano, perfeitas nunca seremos aqui, pois somos santas lutando contra o pecado.

Entender e começar a fazer um balanço anual, mensal

Fechou para balanço?

e diário mudou o rumo da minha vida. Tal balanço me levou a escrever este livro, a buscar diariamente a presença de Deus e a mudar meu modo de pensar e agir.
* Ei, Maravilhosa! Como está a sua vida neste momento? Bom, independente de como ela esteja, nunca a deixe como está. A direção não é deixar como está para depois resolver o que vai fazer. Não é mesmo?
Então tome uma atitude, saia da zona de conforto, faça agora um balanço da sua vida. Como você tem sido como mãe, filha, esposa e amiga? O que tem feito com seu tempo? O que tem valor para você? Enfim, comece a fazer várias perguntas para você relacionadas aos seus comportamentos e atitudes, não se preocupe em saber as respostas, pois elas estão guardadas dentro de você. Não tenha medo de ver alguns acidentes durante a análise, eles fazem parte da vida. Sei que não é fácil, não foi fácil para mim ficar de frente comigo mesma. Mas tenha certeza de uma coisa: Deus está contigo nesses balanços, Ele é o único contador que transforma déficit em créditos.

SONHE, FAÇA PLANOS E TENHA METAS

Muitas mulheres sonham, fazem planos, entretanto, nunca tomam atitudes para realizá-los, acabam abandonando seus sonhos no início da caminhada por falta de um roteiro específico que as levará ao seu objetivo. Não existem vitórias ou realizações de sonhos sem um objetivo ou meta definida. Segundo uma análise de Napoleon Hill, de cada 100 pessoas, 98 não possuem metas ou objetivos. Talvez essa seja a causa de tantos sonhos frustrados e escassez de vitórias. Para conseguirmos colocar nossos sonhos em prática precisamos definir metas e nelas concentrar todo o nosso esforço, dedicação e persistência.

Fechou para balanço?

Temos que afastar qualquer possibilidade de bater em retirada.

> **Para Meditar:**
> **BATER EM RETIRADA**
>
> Certa vez, um grande guerreiro se viu diante de uma circunstância em que era necessário tomar uma decisão que garantisse a vitória no campo de batalha. Devia lançar seu exército contra um poderoso adversário que contava com tropas muito mais numerosas que as suas.
> Então, embarcou seus homens em navios e velejou rumo ao país inimigo. Lá, desembarcou soldados e equipamentos e deu a ordem de queimar os navios em que tinham viajado.
> Dirigindo-se aos seus homens, antes da primeira batalha, disse:
> - Vocês estão vendo os navios em chamas. Significa que só sairemos vivos daqui se vencermos! Agora, não temos escolhas. É vencer ou morrer. E eles venceram!

* Ei, Maravilhosa! Você só conseguirá realizar seus projetos, sonhos e chegar Além do Pódio, se queimar os navios e cortar todas as possibilidades de bater em retirada.

Para não bater em retirada você precisa seguir algumas etapas pautadas por um processo, elas a ajudarão na caminhada rumo ao seu objetivo, tal processo denomina-se de **Mapeamento de Visão**. Procure segui-lo, coloque-o em prática, pois ele funcionará como um mapa que conduzirá você até o tesouro.

1) Coloque no papel como você está hoje, como se sente e pensa, mas antes, feche os olhos e respire lentamente. Este é seu Estado Atual (EA). Veja se é assim

que você quer ficar. Se a resposta for não. Diga para você mesma:
- Eu não quero ficar assim!

2) Posteriormente, escreva no papel como você quer ficar, pensar, sentir e o que quer fazer. Este é seu Estado Desejado (ED). Coloque também no papel aquilo que você muitas vezes vai ter que abrir mão para poder realizar seu sonho.

3) Respire, feche os olhos e visualize o que você deseja, veja você realizando as coisas, imagine-se pensando e sentindo coisas boas, mentalize também seus sonhos se realizando, sinta o prazer da vitória. Fale alto o que deseja! Traga a existência o que não existe. Isso é fé, assunto já bastante abordado no decorrer do livro. Fale bem alto para você mesma:
- É assim que eu quero ficar! Faça isso sempre que você precisar!

4) Faça um cronograma de metas, ele ajudará você a conquistar muitas vitórias e alcançar altos patamares. Nesse cronograma você irá colocar no papel tudo o que deseja fazer em relação a cada meta; ele terá que ter data de início e data de término de cada meta.

Quando você conseguir alcançar o objetivo de alguma meta, nunca pare ou se dê por satisfeita. Agradeça a Deus por ter lhe concedido essa vitória e depois faça uma análise da sua conquista e veja como você foi uma grande guerreira que combateu um bom combate.

Depois, simplesmente respire e comece novamente um novo cronograma com outro propósito relativo à meta que você alcançou. Existem várias metas e por isso não podemos viver em torno de uma ou duas apenas. Sendo que

Fechou para balanço?

cada meta está relacionada a uma área de nossa vida que necessita ser trabalhada para que possamos nos tornar mulheres melhores que marcham para a vitória. Portanto, todas elas são importantes e são conhecidas como:

- **Metas Físicas**

Temos um corpo que necessita de cuidados. Portanto, precisamos comer alimentos saudáveis e praticar atividade física. Coloque no cronograma alimentos que você deverá consumir que são saudáveis e que muitas vezes você não tem o hábito de comer. Insira também a prática de algum esporte, o dia que irá realizar a atividade e o horário. A meta física é usada em benefício da nossa saúde e para a redução de peso.

- **Metas Intelectuais**

Temos um cérebro que possui bilhões de neurônios e ele está à espera de informações para serem processadas que irão gerar conhecimento. Introduza no seu cronograma a leitura de bons livros ou conteúdos que tenham que ser estudados. Escreva os horários que você reservará para a leitura e os estudos e quais serão os dias da semana separados para sua execução. Coloque também os cursos que deseja fazer e veja quais os dias e horários que irá realizá-los. A meta intelectual é usada para capacitação pessoal, aprimorar conhecimento e nos manter sempre informadas e ativas.

A meta intelectual ajuda muito quem deseja passar em concursos públicos, vestibulares ou qualquer segmento que exija estudo. É importante você sempre manter esta meta na ativa, pois uma pessoa quando para de aprender até o que sabe acaba esquecendo.

- **Metas Financeiras**

Ter dinheiro é o sonho de muitas pessoas, porém temos que saber como ganhá-lo de maneira honesta e crescente. Coloque no seu cronograma como você poderá aumentar a sua renda; caso você deseje comprar algo, crie o hábito de poupar todos os meses na mesma data. Não importa o valor, o importante é começar a guardar para poder futuramente adquirir o bem desejado. Saber economizar e administrar bem o seu dinheiro é extremamente importante. Vivemos em um mundo extremamente capitalista onde a ordem é "Consumir." Não temos o costume de poupar, mas nunca é tarde para mudar hábitos. Hábitos podem ser mudados! A meta financeira é utilizada para administrar melhor o dinheiro, pois poderá comprar o que deseja sem entrar em dívidas e ainda poupar.

- **Metas Familiares**

Se Deus te deu uma família, cuide dela, ela é sua maior riqueza. Coloque no seu cronograma fazer ligações para seus familiares ou visitá-los pelo menos uma vez por semana ou por mês. Insira as datas de aniversário no cronograma para ligar no dia. Quando falar com eles diga o quanto eles são importantes para você. Escreva também no seu cronograma elogiar seu esposo e escutá-lo, brincar com seus filhos e se forem adolescentes, sentar e conversar com eles.

Lembre-se, pequenos gestos de carinho podem mudar

uma história. A meta familiar ajuda a resgatar a unidade e o amor familiar que infelizmente têm sido menosprezados nos dias atuais.

- **Metas Sociais**

Vivemos em sociedade, onde um depende do outro, e como é bom ter alguém para conversar. Introduza no seu cronograma visitas à casa de amigas ou amigos. Você deve levar palavras de incentivo, ânimo e demonstrar todo o seu amor por eles. Visite também orfanatos, asilos, hospitais. Coloque data e dia para essas visitas.
 Ei! Não faça das visitas fofocas, faça a diferença. A meta social ajuda a sermos menos egoístas e a vermos que existem muitas pessoas que precisam de nós e do nosso carinho.

- **Metas Emocionais**

Um singelo olhar para dentro de nós é o suficiente para vermos que precisamos resolver algumas limitações que têm nos barrado, como o medo, ansiedade, angústia, pressa, perfeccionismo, comodismo ou mágoa. Seja qual for a sua limitação, coloque-a no seu cronograma.
 Se por acaso ela for a "pressa", comece a falar "tenho todo tempo do mundo para fazer o que Deus quer que eu faça". Fique atenta toda vez que você ver que está com pressa, "desacelere", respire e não deixe que a pressa a domine. Coloque no cronograma andar lentamente observar cada detalhe na caminhada, gerenciar pensamentos. A meta emocional ajuda a manter o equilíbrio emocional.

Fechou para balanço?

- **Metas Espirituais**

O ser humano foi criado para adorar a Deus. E como um adorador ele necessita estar sempre em comunhão com o seu criador. Por isso é necessário que você coloque em seu cronograma os horários do dia que destinará para o seu devocional, oração e leitura da Bíblia. Isso a levará a uma profunda comunhão com Deus e fará de você, Maravilhosa, uma pessoa melhor a cada dia.

A maior satisfação de uma pessoa deve ser estar na presença de Deus e realizar a sua vontade, pois as outras coisas lhe serão acrescentadas à medida que você resolver buscar o Reino de Deus em primeiro lugar. A meta espiritual ajuda a termos uma profunda comunhão com Deus.

"Mas buscai primeiro o Reino de Deus, e a sua justiça, e todas essas coisas vos serão acrescentadas."

(Mateus 6:33)

- **Metas Profissionais**

Deus nos agraciou com muitos dons e talentos exclusivos, ninguém poderá fazer o que você faz! Já falamos sobre isso nos capítulos anteriores e você sabe muito bem da sua exclusividade, por isso a vontade de Deus é que venhamos colocar em prática esses dons e talentos através de uma profissão.

Coloque no seu cronograma sua meta profissional, o que você quer ser, se ainda não se definiu ou o que quer fazer para se tornar uma excelente profissional. Introduza no seu cronograma cursos de capacitação, coloque também "o algo a mais", ou seja, fazer aquilo que não pediram para você fazer, mas que você como uma mulher vitoriosa enxergou e fez. Insira também tratar bem todas as pessoas.

Fechou para balanço?

Pode ser que, ao ler estas metas, você fique um pouco confusa ou tenha um sentimento de incapacidade. Quero lhe dizer que é assim mesmo que nos sentimos frente às metas. Porém depende de você fazer deste Mapeamento de Visão um roteiro de sucesso.

Eu tenho absoluta certeza de que você vai conseguir, no começo nada será fácil. Contudo, se persistir, certamente irá Além do Pódio. Saiba que essas metas podem ser alteradas toda vez que achar necessário.

Veja bem, Maravilhosa, falei de várias sugestões para você colocar no seu cronograma, mas é você quem vai decidir o que vai colocar e que metas vai traçar para atingir seus objetivos.

Segue abaixo um modelo de mapeamento de visão na área espiritual, você poderá transcrevê-lo em um caderno, pois precisará de espaço para fazer as anotações. Ele poderá ser utilizado em todas as metas. Eu quero lhe dizer, Maravilhosa, que confio em você e sei que vai conseguir.

**MODELO DE MAPEAMENTO DE VISÃO
NA ÁREA ESPIRITUAL**

Data:

Como estou? (E.A. - Estado Atual)

Como quero ficar? (E.D. - Estado Desejado)

Como vou fazer?

O que devo deixar para poder cumprir este objetivo?

Quanto tempo vai levar para atingir o objetivo?

Roteiro (data, horário, dias da semana)

Coloque seu nome e assine.

Ei, Maravilhosa!

Capítulo 10

Você pode!

> "Tudo posso naquele que me Fortalece"
>
> Filipenses 4:13

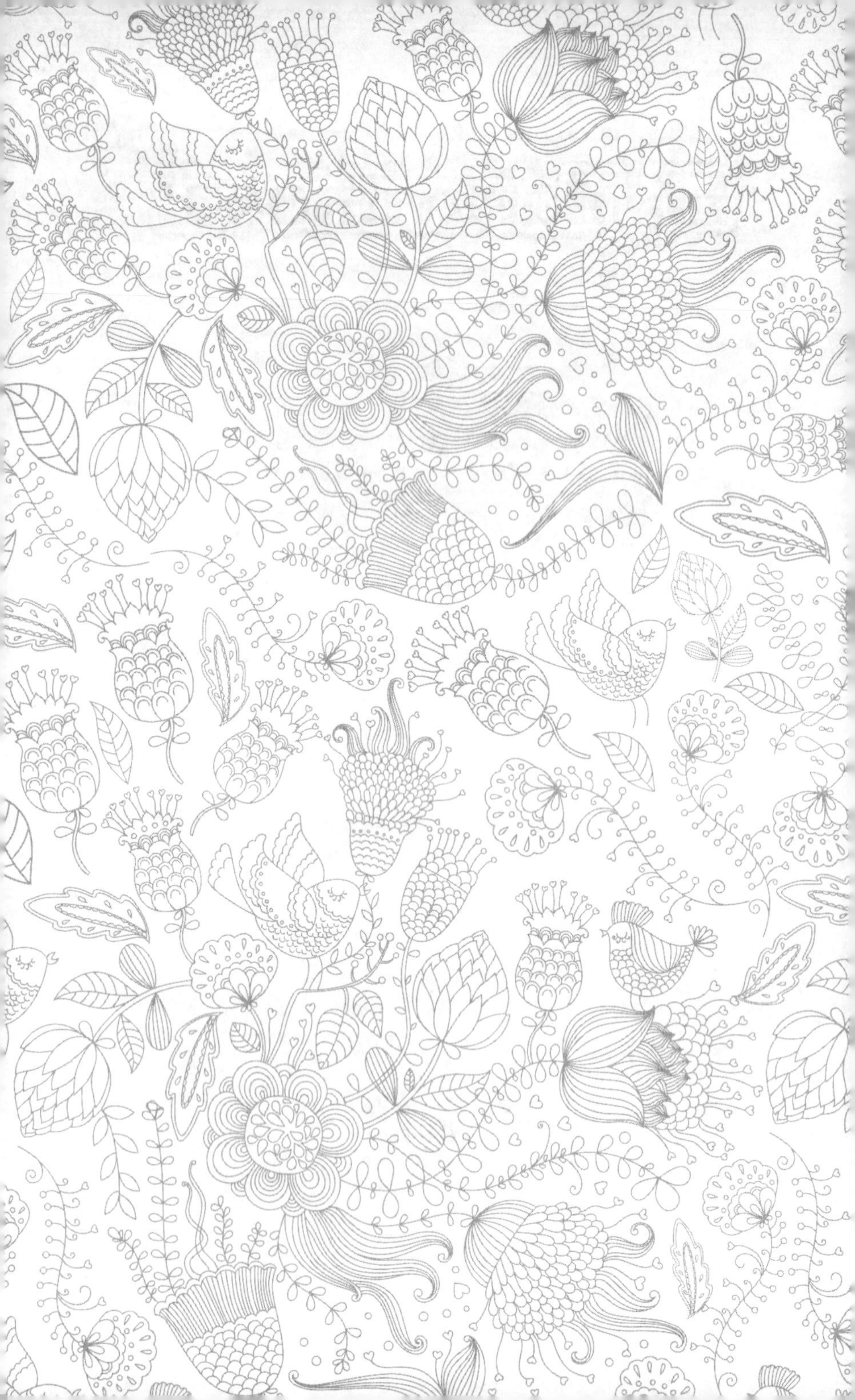

Você pode!

Você Pode! Quem não gosta de ouvir uma frase como esta? Você consegue se lembrar de alguns elogios que recebeu? O que você sentiu ao receber esses elogios e como agiu depois deles serem proferidos? A grande verdade é que o ser humano necessita de palavras, afirmações e de reconhecimento para crescer, desenvolver e produzir. Essas palavras funcionam como uma mola propulsora que o tiram da inércia e o levam para a ação.

 Recordo-me como se fosse hoje quando o Sr. Luís falou comigo e começou a me elogiar, aquelas palavras proferidas por ele me tiraram da inércia e me levaram a tomar uma atitude de capacidade. Trabalhava em um laboratório de âmbito nacional como divulgadora, fazia palestras nas escolas, orientava sobre pediculose e escabiose e sobre os cuidados que deveriam ser tomados para evitá-los. Gostava muito do que fazia e da tranquilidade daquele serviço. Como é muito comum do ser humano cair na zona de conforto e lá ficar, assim também não foi diferente comigo, tinha me acostumado com o trabalho e achava que estava bom.

 Após alguns anos, fui convidada pelo meu supervisor regional, para ser propagandista do laboratório no Estado de Mato Grosso. Aquele convite foi algo que não esperava, pois teria que sair da zona de conforto e encarar um grande desafio. Jamais imaginei assumir aquela posição, afinal naquela época, 95% desses cargos eram destinados para homens, sem falar no conhecimento que era necessário ter de toda a linha de medicamentos do laboratório, dos concorrentes e também propagar para a classe médica e mostrar a eficácia e os benefícios dos medicamentos para que eles pudessem prescrevê-los.

 Enfim, não conseguia me ver trabalhando como propagandista, achava que era muito complicado, pois exigia estudo, dedicação e muita competência. Então, no dia

Você pode!

em que meu supervisor veio até Cuiabá para finalizar a minha contratação no laboratório, comecei a dar desculpas para não assumir a função, foi então que meu supervisor me disse:
- Sabe, Adriana, não sei por que você está me dando essas desculpas, me parece que você está achando que é incapaz de assumir este desafio. E continuou:
- Eu quero que saiba que chamei você porque sei que possui competência, carisma e muita capacidade. Confio em você e sei que pode assumir a área de propaganda e com certeza fará um bom trabalho.

Aquelas palavras entraram em meu coração e, sentimentos de coragem, alegria e confiança brotaram dentro de mim. Como foram bons aqueles elogios, eles vieram na hora certa e me deram forças para ver que realmente eu "podia", e que, independente dos obstáculos, eu teria capacidade para vencê-los. Foi então que consegui dizer sim e sair da zona de conforto.

Comecei então a trabalhar no novo cargo, foram anos que marcaram a minha vida. O laboratório acabou se tornando uma grande escola, participei de muitos treinamentos, viajei inúmeras vezes a serviço, conheci muitas pessoas e me tornei uma boa profissional.

Como foram importantes aquelas palavras de reconhecimento para mim, através delas pude crescer muito, ver a capacidade que tinha para trabalhar na área de vendas e descobri a grande habilidade de comunicação que possuía. Pode ser que se não fossem aquelas palavras de elogio eu estivesse até hoje sendo uma mera divulgadora, achando que estava tudo muito bom.

Por isso, hoje considero um imenso privilégio ajudar mulheres a acreditarem em si mesmas, resgatarem a sua autoconfiança e a autoestima. Sei da dimensão que palavras de reconhecimento e afirmação fazem na vida de uma

pessoa. Atualmente, o que se verifica é muito triste, muitas mulheres deixam de fazer inúmeras coisas não por falta de conhecimento, mas por falta de confiança em Deus, em si mesmas e por não quererem sair da área de conforto. Muitas se veem como incapazes e, diante de tarefas ou desafios dizem:
- Não consigo fazer isso.
Uma coisa é certa, não foi para escutar esse tipo de afirmação dos seus lábios que Deus te criou. Você foi criada para fazer a diferença nesta geração corrompida que vive no engano, Ele enviou seu Filho para morrer por nós, para que você e eu tivéssemos vida em abundância.

> "Eu vim para que tenham vida e
> tenham com abundância"
> (João 10:10)

Tenho plena convicção de que este é o início de um novo tempo, de uma nova estação, de um novo recomeço, e que, mesmo chorando, devemos andar e levar junto de nós a preciosa semente.

> "Aquele que leva a preciosa semente, andando e
> chorando, voltará, sem dúvida, com alegria,
> trazendo consigo os seus molhos."
> (Salmo 126:6)

Nossas lágrimas podem regar as sementes que se transformarão em uma colheita de alegria, amor e paz, porque Deus tem o poder de extrair o bem até de uma tragédia. Quando estiver tomada por uma tristeza, dor, revolta, mágoa ou incapacidade, saiba que não vale a pena

Você pode!

remoer estes sentimentos, eles não ajudarão você a caminhar. Ei, não se esqueça de que tudo passa, as estações mudam e dias melhores virão. Jesus sempre estará do seu lado em cada desafio durante a caminhada.

Cabe aqui esclarecer, Maravilhosa, que durante a caminhada poderemos cometer falhas ou até mesmo erros infantis, mas nem por isso se culpe ou deixe alguém paralisa-lá, continue caminhando! Na estrada da minha vida também cometi muitas falhas, afinal quem está isento a cometer erros? Por isso Deus sempre me leva para reciclar conceitos básicos que aprendi e muitas vezes acabei esquecendo ou deixando de praticá-los. Lembre-se de que somos humanas e temos que lutar contra o pecado e a nossa carnalidade diariamente. Contudo, como você já sabe não estamos sós nesta luta!

Ah! Como é bom saber que Deus está do nosso lado nesta caminhada e que a vitória é mais que garantida. Como é maravilhoso poder superar os desafios que a vida coloca diariamente na nossa frente e, depois de um dia de batalha, chegarmos em casa e podermos dizer: Eu venci!

Portanto, da próxima vez que estiver diante de um desafio, lembre-se: "Você pode!" Jesus é contigo. Tenho certeza de que você vai se surpreender com o que "Você pode" realizar. E se isso não for suficiente, medite no que o apóstolo Paulo diz:

"Tudo posso naquele que me fortalece"
(Filipenses 4:13)

Ou seja, com Deus ao seu lado "Você pode" todas as coisas. Então, apresse-se! Corra para a linha de batalha, corra para a vitória, corra para realizar o seu propósito, sabendo que o desejo de Deus é que você seja bem-sucedida em tudo que fizer. Mas, antes de começar a caminhada que a

Você pode!

levará Além do Pódio, guarde isso no seu coração.

- Antes de falar, escute
- Antes de escrever, reflita
- Antes de gastar, ganhe
- Antes de julgar, espere
- Antes de orar, perdoe
- Antes de desistir, lute
- Antes de agir, pense
- Antes de odiar, ame
- Antes de chorar, sorria
- Antes de reclamar, elogie
- Antes de começar, planeje
- Antes de fazer qualquer coisa, busque a direção de Deus

Bom, minha amiga Maravilhosa! Já tomei a liberdade de classificá-la como amiga, pois creio que essas inúmeras linhas geraram entre nós um laço de amizade. Fico muito feliz em ter compartilhado com você um pouco da minha história e o que Deus tem feito por mim e o que aprendi no decorrer dos anos. Espero que este livro faça diferença em sua vida e na vida de outras pessoas, que ele venha sirva como aprendizado que será colocado em prática na sua vida. Portanto, decida hoje tomar uma decisão:

- Decida viver no presente.
- Decida gerenciar seus pensamentos.
- Decida tomar posse do valor que você tem.
- Decida viver pela fé.
- Decida persistir.
- Decida ser uma verdadeira amiga
- Decida fazer um balanço da sua vida colocando Deus em primeiro lugar.

Você pode!

* Ei, Maravilhosa, acredite "Você pode!", Você nasceu campeã, você é uma vencedora, venceu milhões de espermatozoides no ato da fecundação e está aqui e continua vencendo todos os desafios que a vida coloca à sua frente. Afinal, estou diante de uma Maravilhosa guerreira que veio ao mundo para estar sempre Além do Pódio. E com certeza nos encontraremos lá!

Não poderia encerrar este livro sem convidá-la para fazer esta oração comigo.

Pai Celeste,

Venho diante da tua presença, no precioso Nome de Jesus.

Rendo-te graças, Senhor, porque Tu és bom, porque a tua misericórdia dura para sempre, pelo Teu Espírito que vive em mim que me orienta com sua voz doce e suave. Senhor, Tu me remiste e me resgataste da mão do inimigo. Na minha angústia clamei a Ti, Senhor, e me livrastes das minhas tribulações. Senhor, Tu tens perdoado todas as minhas iniquidades, tens me sustentado com sua destra fiel, e tens me renovado como a águia. Por isso, minha alma te bendiz.

Bendito és Tu, Deus e Pai do meu Senhor Jesus Cristo, que tens me abençoado com toda sorte de bênçãos espirituais.

Pai, acredito plenamente que o Senhor me criou para ser uma mulher que faz a diferença. Então, Senhor, me revista agora de Tua armadura para que possa resistir no dia mau. Desejo ser uma filha que agrada e obedece ao Pai celeste. Quero ser um canal de bênçãos na vida de outras pessoas.

Ajude-me, meu Deus, a realizar o teu propósito em minha vida. Que eu venha, a cada dia, reconhecer o grande

Você pode!

valor que tenho para ti e a honra de ser única detentora de grandes habilidades que Tu me destes. Seja feita a Tua vontade em minha vida, de modo tão perfeito, como ela é feita no céu e viverei para a Tua glória! Amém.

Sobre a autora

Adriana Helen Borges, Evangelista graduada em Economia e Teologia. Pós-graduada em Docência de Ensino Superior, possui especialização em Programação Neurolinguística (PNL – Practitioner)

Foi professora de Economia na Universidade do Estado de Mato Grosso (Unemat campus de Sinop)

Atualmente está ligada à área de aconselhamento, ministra seminários e palestras relacionados à área de comportamento e motivação. É também preletora da Adhonep - Associação de homens de negócio do evangelho pleno, cap 133.

Adriana Helen Borges

Bibliografia

ARTIGO. PAZ AO CORAÇÃO: *Como Jesus lidava com as emoções*. Pr. Willian Oliveira, Dep. Ministério de família.

Bíblia da Família. 1440 p. Texto Bíblico: Nova Tradução na linguagem de Hoje. Coletânea dos textos de Jaime e Judith Kemp. Bíblia Aplicação Pessoal, Edição CPAD: Versão Almeida Revista e Corrigida. Barueri: Sociedade Bíblica do Brasil, 2006.

DUARTE, Noélio. *O Incrível Poder da Motivação*. As Fábulas como ferramentas para o desenvolvimento pessoal e profissional / Noéli Duarte,.. São Paulo: Hagnos, 2007.

GRETZ. *A força do entusiasmo: Como usar a fonte de energia que existe dentro de você*. Florianópolis: Prof. Gretz, 2005.

HILL, Napoleon. *Quem pensa enriquece*. [Versão Brasileira da Editora] São Paulo: Editora Fundamentos Educacional, 2010.

JOHNSON, Spencer. *Quem mexeu no meu queijo? Para jovens*. Tradução de Alves Calado. 11 ed. Rio de Janeiro: Recorde, 2008.

TEXTO: luispellgrini@terra.com.br, 1938.

JONES, Laurie Beth. *Jesus Coach*. Traduzido por Aline Grippe. São Paulo: Mundo Cristão, 2005. ISBN 85-7325-384-3

MAXWELL, John C. *Você faz a diferença: Como sua atitude pode revolucionar sua vida*. Tradução de Valéria Lamim Delgado Fernandes. São Paulo: T. Nelson, 1947. ISBN.85-60-30300-6

MUNROE, Myles. *Liberando seu potencial*. São Paulo: Mana, 2007. ISBN 978-85-87646-61-3

OSTEEN, Joel. *A hora é agora*. Tradução Tina Jeronymo. São Paulo: Larousse do Brasil, 2010.

PÃO DIÁRIO: *O livro das leituras devocionais diárias. nº14*. Coordenador do comitê editorial Ronald Korber. São Paulo: Rádio Trans Mundial, 2011.

WARREN, Rick. *Uma vida com propósito: Você não está aqui por acaso*. Tradução James Monteiro dos Reis. São Paulo: Editora Vida, 1954. ISBN. 85-7367-790-2

WITT, Marcos. *Como vencer o medo*. Tradução Barbara Coutinho, Leonardo Barroso. Rio de Janeiro: Thomas Nelson Brasil, 1962. ISBN 978-85-6030-393-9

Ei, Maravilhosa!

Sabia que você pode ir além do pódio?

Adriana Helen Borges

Este livro foi escrito com intuito de servir como uma ferramenta para ajudar você, Maravilhosa, a atingir altos patamares, sendo assim, ficarei muito feliz em receber notícias suas e saber o quanto foi edificada por intermédio dele.

CONTATO COM ESCRITORA
E-mail: adriana@eimaravilhosa.com.br

facebook adrihborges

SEMINÁRIOS E PALESTRAS
E-mail: contato@eimaravilhosa.com.br
Telefone: 65 8155-0105
Site: www.eimaravilhosa.com.br

CAPA: Joanilson Carrasco Brolim
DIAGRAMAÇÃO: Joanilson Carrasco Brolim
REVISÃO DE TEXTOS: Madalena Libos
Larissa Siniak
Editora: BV BOOKS

Diagramação

vivodeideias.com.br

Fone: 65 3028-4718
E-mail: vivodeideias@hotmail.com
Site: www.vivodeideias.com.br

Rua Cândido Mariano, 555
Centro
Cuiabá-MT
CEP 78.005-150